Kopiervorlagen

Politik

Berufliche Bildung

Autoren
Dirk Haupt
Christopher Hempel
Andrej Keller
Thomas Schwörer

Ernst Klett Verlag
Stuttgart · Leipzig

1. Auflage 1 6 5 4 3 2 1 | 18 17 16 15 14

Alle Drucke dieser Auflage sind unverändert und können im Unterricht nebeneinander verwendet werden. Die letzte Zahl bezeichnet das Jahr des Druckes.

Autoren: Dirk Haupt (Leipzig), Christopher Hempel (Leipzig), Andrej Keller (Butzbach), Thomas Schwörer (Mannheim)

Redaktion: Dirk Haupt, Leipzig
Herstellung: Krystyna Schütze
Bildassistenz: Annett Semmler

Satz: Nele Müller, Leipzig
Reproduktion: Meyle+Müller GmbH+Co. KG, Pforzheim
Druck: Medienhaus Plump GmbH, Rheinbreitbach

Printed in Germany
ISBN 978-3-12-800488-4

9 783128 004884

Vorwort

Liebe Kolleginnen und Kollegen,

dieses Heft möchte Sie dabei unterstützen, Ihren Unterricht abwechslungsreich und schülergerecht zu gestalten. Es enthält eine umfangreiche Zusammenstellung von Kopiervorlagen zu wichtigen Themenbereichen Ihres Lehrplans. Alle Arbeitsblätter lassen sich lehrwerksunabhängig im Unterricht einsetzen. Die bereitgestellten Materialien **M** zu aktuellen politischen und sozialen Fragen werden gegebenenfalls durch Verweise auf weitere Recherche- und Informationsmöglichkeiten im Internet unterstützt.

Sie können die Arbeitsblätter ganz unterschiedlich einsetzen – vor allem dienen sie dem Ziel, Ihre Schülerinnen und Schüler zu selbstständigem Lernen anzuregen. Knappe informierende Texte und Materialimpulse erleichtern den Einstieg in die Arbeit. Sie helfen, gelerntes Wissen zu wiederholen, anzuwenden oder zu vertiefen. Auch für abschließende Zusammenfassungen oder für kurze Leistungskontrollen eignen sich die Kopiervorlagen. Bestimmte Aufgaben auf den einzelnen Kopiervorlagen lassen eine umfangreichere Beantwortung zu. In diesen Fällen wird den Schülerinnen und Schülern durch ein Symbol → die Hinzunahme eines zusätzlichen Lösungsblattes empfohlen. Wenn kontinuierliches Arbeiten schwierig ist, z. B. aus stundenplantechnischen Gründen, helfen Ihnen die Kopiervorlagen, schnell wieder den roten Faden zu finden und in kurzer Zeit Orientierungswissen zu vermitteln.

Das Unterrichtsniveau Ihrer Klassen entscheidet mit darüber, welche Arbeitsblätter Sie einsetzen und wie Sie es tun. Bei mehrseitigen Kopiervorlagen können Sie es bei einer Seite belassen oder mit der zweiten, manchmal dritten Seite Umfang und Anspruch an die Themenbearbeitung steigern. Insgesamt bauen die Arbeitsblätter nicht systematisch aufeinander auf, sondern sind als einzelne Bausteine in Ihrem Unterricht einsetzbar.

Am Ende des Bandes (ab S. 94) finden Sie individuell erweiterbare Lösungshinweise, die den Erwartungshorizont der Aufgabenstellung skizzieren. Des Weiteren sind die Arbeitsblätter mit den eingetragenen Lösungen unter dem Online-Code **ek52cf** abrufbar.

Im Sinne einer besseren Lesbarkeit der Texte wurde entweder die männliche oder weibliche Form von personenbezogenen Hauptwörtern gewählt. Sämtliche Personenbezeichnungen gelten gleichwohl für beiderlei Geschlecht.

Wir wünschen Ihnen Spaß am Experimentieren und viel Erfolg im Unterricht!

Ihr Autorenteam

Inhaltsverzeichnis

1 Jugend und Familie

Familie im Wandel ... 5
Familienmodelle ... 7
Jugendkulturen ... 8
Suchtgefahr ... 9
Soziales Engagement von Jugendlichen ... 10
Mediennutzung ... 11

2 Bildung und Beruf

Angebot und Nachfrage – Lehrstellenmarkt ... 12
Gefragt in Alltag und Beruf – Kompetenzen ... 13
Lebenslang lernen ... 14
Was ein Studium bringt! ... 15
Arbeitswelt im Wandel ... 16
Berufsbilder in der digitalen Welt ... 17

3 Soziale Sicherheit – soziale Gerechtigkeit

Armut in Deutschland ... 18
Neue Beschäftigung – atypisch und prekär? ... 20
Mindestlöhne – was ist gerecht? ... 21
Arbeitslosigkeit und ihre Folgen ... 22
Sozialstaat der Zukunft ... 23
Unsichere Zukunft – droht Altersarmut? ... 24
Immer älter ohne Kinder ... 25

4 Politische Strukturen

Machtkontrolle durch Gewaltenteilung ... 26
Die Rolle des Bundesverfassungsgerichts ... 27
Die Auslegung von Grundrechten ... 29
Der Bundesrat im Prozess der Gesetzgebung ... 32
Bundeskanzlerin und Bundesregierung ... 33
Der Bundespräsident ... 35
Föderalismus – schwerfällig oder innovativ? ... 36

5 Mitwirkung und Repräsentation

Wahlen zum Deutschen Bundestag ... 37
Parteien und ihre Programme ... 39
Abgeordnete unter Druck ... 41
Massenmedien – unentbehrlich für die Demokratie? ... 43
Netz-Projekte ... 45
Bürgerinitiativen ... 46
Volksbegehren und Volksentscheid ... 47
Gewerkschaften im Wandel ... 49
Betriebsrat – Interessenvertretung der Beschäftigten ... 50
Politikverdrossenheit ... 51
Wehrhafte Demokratie ... 52

6 Nachhaltig wirtschaften und weltweiter Umweltschutz

Nachhaltig wirtschaften ... 54
Weniger Auto fahren ... 55
Essen mit Verantwortung ... 57
Energie(w)ende!? ... 58
Hochtechnologie statt Kohle ... 59
„Energiehunger“ ... 60
Klimawandel weltweit ... 61

7 Die Europäische Union

Erfolgsprojekt Europäische Union ... 62
Staats- und Unionsbürgerschaft ... 63
Die Entwicklungsgeschichte der EU ... 65
Die Außengrenze der EU ... 66
Das Institutionengefüge der EU ... 67
Der Lissabon-Vertrag ... 68
Das Europäische Parlament ... 70
EU-Erweiterung ... 71
Die Euro-Krise ... 72
EU-Freizügigkeit: Notwendigkeit oder Segen? ... 73

8 Globale Wirtschaft und Entwicklung

Globalisierung ist, wenn … ... 74
Globale Wirtschaft ... 75
Internationale Kapitalmärkte – Kasinokapitalismus? ... 77
Global Player – Fluch oder Segen? ... 78
Digital ist besser!? – Die Vernetzung der Welt ... 79
Fairer Handel – weltweit ... 80
Wachsende Städte ... 81
Hunger bekämpfen ... 83
Flucht und Migration weltweit ... 85

9 Internationale Politik

Die Vereinten Nationen ... 86
Internationaler Terrorismus ... 88
NATO – Schutzschirm oder stumpfes Schwert? ... 89
Bundeswehr – eine neue Armee? ... 90
NGOs – Akteure der internationalen Politik ... 91
Menschenrechte – weltweit ... 92
China – die neue globale Führungsmacht? ... 93

Lösungen zu 1 ... 94
Lösungen zu 2 ... 95
Lösungen zu 3 ... 97
Lösungen zu 4 ... 100
Lösungen zu 5 ... 103
Lösungen zu 6 ... 107
Lösungen zu 7 ... 108
Lösungen zu 8 ... 112
Lösungen zu 9 ... 115
Notizen ... 118

Name Klasse Datum

Familie im Wandel

M1 Jugendliche und ihre Familienorientierung

Ergebnisse der 16. Shell Jugendstudie (2010)

„[...] Das Erlebnis von Spannungen, von Trennungen und von Scheidungen ihrer Eltern ist für Jugendliche heute kein seltenes Ereignis mehr, ebenso wenig das einer Neuverbindung ihrer Mutter oder ihres Vaters mit anderen Partnern, die ihrerseits Kinder in die gemeinsame Beziehung einbringen. Dieser Wandel des Familienbildes hat, wie die bisherigen Untersuchungen zeigen, der Attraktivität des Lebensmodells ‚Familie' keinen Abbruch getan. Eine Familie wird von der weitaus größten Zahl der jungen Menschen für wertvoll gehalten, um das eigene Leben zu gestalten. [...]

Familie ist für die allermeisten Jugendlichen der Ort, an den sie sich zurückziehen können. Sie verstehen sich gut bis hervorragend mit ihren Eltern und schätzen die Generation ihrer Großeltern. Die Mehrheit möchte einmal eine eigene Familie und Kinder haben, die sie dann genauso oder doch so ähnlich erziehen wollen, wie sie selbst erzogen worden sind. Ein größeres Kompliment können Kinder ihren Eltern wohl kaum machen.

Entgegen diesem Trend zur ausgesprochenen Wertschätzung der Familie als sozialer Lebensform steht der Trend, dass immer weniger junge Erwachsene eine eigene Familie gründen und Kinder bekommen."

Zit. nach: 16. Shell Jugendstudie – Jugend 2010. Eine pragmatische Generation behauptet sich. Erarb. v. Mathias Albert/Klaus Hurrelmann/Gudrun Quenzel. Hrsg. v. Deutsche Shell Holding GmbH, Hamburg. Schriftenreihe der Bundeszentrale für Politische Bildung (Bpb), Band 1133. Bonn: Bpb 2010, S. 43.

A1 Familie – nein danke? Wie erklären Sie sich die Spannung zwischen Wunsch und Wirklichkeit, die die Ergebnisse der Studie zeigt?

A2 Beruf – nein danke? Fassen Sie die Aussagen des Diagramms in kurzen Thesen zusammen.

M2 Erwerbstätigkeit und Familie

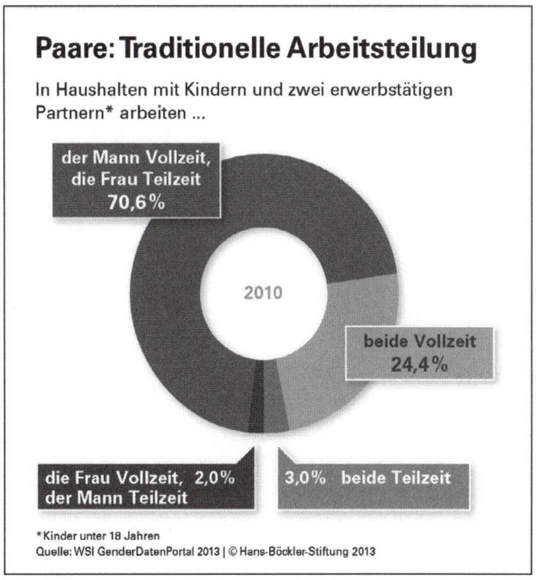

Hans-Böckler-Stiftung, Düsseldorf

Autor: Thomas Schwörer

ISBN: 978-3-12-800488-4

Name Klasse Datum

M3 Rechtsanspruch auf einen Betreuungsplatz

„Eine gute Kinderbetreuung und frühe Förderung für alle Kinder gehören zu den wichtigsten Zukunftsaufgaben in Deutschland. […] Gemeinsames Ziel von Bund, Ländern und Kommunen ist ein bedarfsgerechtes Angebot an Betreuungsplätzen für Kinder in den ersten drei Lebensjahren. Dies ist die Voraussetzung für den Rechtsanspruch ab dem vollendeten ersten Lebensjahr, der zum 1. August 2013 in Kraft tritt.

Dieser Rechtsanspruch kann durch einen Betreuungsplatz in einer Kindertageseinrichtung oder in der Kindertagespflege erfüllt werden. Nach Angaben der Bundesländer sollen im Kita-Jahr 2013/2014 voraussichtlich insgesamt rund 810 000 Kita-Plätze zur Verfügung stehen. Die letzten Elternbefragungen durch das Deutsche Jugendinstitut ergaben einen Bedarf von bundesweit rund 780.000 Plätzen."

Zit. nach: Bundesministerium fur Familie, Senioren, Frauen und Jugend, http://www.bmfsfj.de/BMFSFJ/Kinder-und-Jugend/kinderbetreuung.html (Zugriff 02.06.2014).

A3 Kinder und Karriere? Erklären Sie stichpunktartig, warum ein bundesweiter Rechtsanspruch auf einen Betreuungsplatz eingeführt wurde (M3). Nehmen Sie auch die Ergebnisse der Aufgabe 2 zu Hilfe. Überlegen Sie sich mögliche praktische Veränderungen im Hinblick auf die Statistik zur Erwerbstätigkeit von Frauen und Männern (M2).

A4 Gerechte Arbeitsteilung im Haushalt? Wie könnte ein partnerschaftliches Lebenskonzept in der Familie gelingen? Stellen Sie eine Liste der anfallenden Arbeiten in einem Haushalt zusammen. Verteilen Sie die Arbeit anschließend gerecht auf alle Familien- bzw. Haushaltsmitglieder.

	Wer macht was?	Wie oft?	Wann?
Wohnung aufräumen			
Wohnung putzen			
Wäsche waschen			
Wäsche legen und bügeln			

Autor:
Thomas Schwörer
1 Jugend und Familie
Kopiervorlagen Politik
ISBN: 978-3-12-800488-4

Name Klasse Datum

Familienmodelle

Was wir unter einer Familie verstehen, ist historischem Wandel unterworfen. Traditionell bestand eine Familie aus einem verheirateten Ehepaar aus Mann und Frau mit mindestens einem gemeinsamen leiblichen Kind. Dieses Familienmodell ist nach wie vor am stärksten verbreitet, allerdings steigt die Zahl alternativer Lebens- und damit auch Familienmodelle stetig: Paare wollen oder dürfen nicht heiraten, sie trennen sich und finden neue Lebenspartner usw. Das Verständnis von Familie hat sich diesen verändernden Realitäten angepasst: In Deutschland zählt das Statistische Bundesamt (2014) ca. 8,1 Mio. Familien, in denen 12,9 Mio. Kinder unter 18 Jahren leben. Diese Zahl umfasst dabei alle Eltern-Kind-Gemeinschaften, unabhängig von weiteren Merkmalen wie Ehe oder Verwandschaft. Nicht die Konstellation, sondern die Funktion einer Familie ist entscheidend: Kinder haben elementare Bedürfnisse, die erfüllt werden müssen.

A1 Gibt es „die" Familie noch? **Benennen Sie mögliche Familienmodelle. Beurteilen Sie, inwieweit man noch von der „einen" Familie sprechen kann.**

A2 Ursachen des Wandels? **Beschreiben Sie Ursachen und Bedingungen, die für die im Text oben benannte Pluralisierung von Familienmodellen verantwortlich sind.**

A3 Konsequenzen des Wandels? **Benennen Sie Herausforderungen und Probleme, die sich aus der zunehmenden Verbreitung alternativer Familienmodelle ergeben und die einer politischen Lösung bedürfen. Erarbeiten Sie zu einer der familienpolitischen Herausforderungen einen begründeten Lösungsvorschlag und stellen Sie diesen in der Klasse zur Diskussion.**

Autor:
Christopher Hempel

ISBN: 978-3-12-800488-4

Name | Klasse | Datum

Jugendkulturen

Jede Jugendkultur bietet denen, die sich ihr zugehörig fühlen, die Möglichkeit, Gemeinsamkeit zu erfahren, sich kreativ auszudrücken, sich abzugrenzen oder zu rebellieren – gegen den Mainstream oder gegen die etablierte Erwachsenenwelt. Eine Jugendkultur kann sich dabei z. B. über bestimmte Werte und Einstellungen definieren, über politische Ziele oder ein Lebensgefühl, einen Kleidungsstil oder eine bestimmte Musikrichtung. Hip-Hopper, Punks, Gothics, Gamer, Ökos und viele andere Jugendkulturen lassen sich nie abschließend kategorisieren, weil sie sich permanent verändern, neu entstehen, verschwinden. Als eine relativ neue Jugendkultur werden die Hipster wahrgenommen – junge Menschen mit einer ursprünglich individualistischen und eher apolitischen Lebenshaltung und auffälligen Insignien wie Röhrenjeans und Nerdbrillen.

M1 Spielkarte aus dem „Hipsterquartett“

Brunnert, Jonas, Berlin

A1 Jugendkulturen – von Bedeutung? Erläutern Sie die Bedeutung von Jugendkulturen für den Einzelnen sowie für eine Generation insgesamt.

Bedeutung für den Einzelnen	Bedeutung für die Jugendlichen einer Generation

A2 Hipster – eine Jugendkultur der Gegenwart? Stellen Sie mithilfe von M1 Merkmale zusammen, die einen Hipster auszeichnen. Diskutieren Sie, inwieweit Jugendkulturen (auch) durch Zuschreibungen von außen entstehen.

A3 Jugendkulturen der Gegenwart – Charakteristika. Die Jugend der Gegenwart gilt als unpolitisch und konsumorientiert. Nehmen Sie zu dieser Aussage Stellung. Was zeichnet Ihre Generation heute aus? Formulieren Sie drei Schlagwörter und stellen Sie diese in der Klasse zur Diskussion.

1) ______ 2) ______ 3) ______

A4 Jugendkulturen vor Ort. Welche Jugendkulturen existieren in Ihrer Schule und Ihrer Stadt? Recherchieren Sie über eine lokal etablierte Jugendkultur der Gegenwart und stellen Sie diese in einer kurzen Präsentation vor. →

Autor: Christopher Hempel
1 Jugend und Familie
Kopiervorlagen Politik
ISBN: 978-3-12-800488-4

Name Klasse Datum

Suchtgefahr

M1 Deine kleinen Augen machen mich so sentimental
Was man so als Kiffer nicht erlebt

„Wir Kiffer sind ein lethargischer Haufen. Ich zum Beispiel habe damals nach vielen Jahren mit dem Fußballspielen aufgehört. Aus zweierlei Gründen: Ich war nie gut genug, um irgendwann mal für den FC Bayern zu spielen und damit reich zu werden. Der andere und wahre Grund ist der, dass ich meistens einfach zu stoned war, um zum Training zu gehen. Meine Karriere als Schlagzeuger habe ich auch abgebrochen, obwohl ich fest davon überzeugt war, irgendwann bei den Toten Hosen zu trommeln. […]
Was sich definitiv auch nicht verbessert, ist die soziale Kompatibilität (= Anschlussfähigkeit, Anm. d. Red.). Erst geht man weniger aus, denn auf einer Party müsste man sich unterhalten. Das klappt breit meistens nicht so gut, und deswegen sitzt man allein, kifft und geht irgendwann, weil man selbst gelangweilt ist und alle anderen ebenfalls langweilt. Und so ist ein Kiffer irgendwann nur noch für andere Kiffer interessant. Also hängt man nur noch mit Gleichgesinnten ab und gleichsinnt dementsprechend viel. Meistens stellt sich nach so einem Abend, häufig noch im breiten Zustand, ein Moment der Klarheit ein, in dem man sich fragt: ‚Was mache ich hier eigentlich?'
In solchen Momenten sieht man sich selbst aus einem anderen Blickwinkel. Aus dem der Außenstehenden. Dem der Nichtkiffer. Du weißt ganz genau, dass du zu viel rauchst. Dir ist klar, dass Gras nicht mehr zu deinen Nebensächlichkeiten gehört. Du könntest auch nicht einfach so aufhören, von heute auf morgen. Das Gegenteil ist eine beliebte Lüge, die sich viele, fast alle Kiffer erzählen. Also schmiedet man Pläne für die nahe Zukunft: Du könntest dich wieder mehr bei alten Freunden melden, die Wohnung aufräumen, nicht immer bis in die Puppen schlafen und weniger abhängen. Aber natürlich fängt die Zukunft erst morgen an. Heute bin ich stoned.
Neulich saß ich mit Freunden, alten Kifferkollegen, bei klarem Kopf zusammen. Wir haben uns über die vergangenen Jahre unterhalten. Über verpasste Chancen. In der Schule, im Sport, bei Frauen. Über versumpfte Abende und ganz banal über all das Geld, das in all den Jahren in Rauch aufgegangen ist. Wir fragten uns, was wir machen würden, wenn wir all die Jahre des Kiffens und die damit verbundenen Erinnerungen auf einen Schlag gegen all das Geld, das wir dafür ausgegeben haben, tauschen könnten. Die Meinung ist einstimmig: Keiner von uns hätte es anders machen wollen. Gras hatte uns zusammengebracht. Und es ist eben nicht nur die Lethargie. Wir haben zusammen auf dem Boden gelegen vor Lachen, weil der Rausch eben so lustig ist. Nächtelang saßen wir zusammen und haben die aberwitzigsten Unterhaltungen geführt. Die fantastischsten Geschichten sind in solchen Nächten entstanden. Streitgespräche von kolossalen Ausmaßen wurden geführt. Episch fast. Nur will mir keines mehr einfallen. Ein Phänomen, das jeder Kiffer kennt. […] Am nächsten Morgen ist alles vergessen.
Dann hört man auf. Und nun? Der Kopf ist zwar klar, aber die Antriebslosigkeit ist geblieben. Ich dachte, ich habe aufgehört, jetzt gehe ich in den Park zum Lesen, nicht um mir einen zu drehen. Ich geh joggen oder ins Fitnessstudio. Allein schon, um den Bauch abzutrainieren, der sich durchs Rumsitzen gebildet hat. Aber es fehlt an Energie, um aufzustehen und die Pläne in die Tat umzusetzen. Das frustet. Dazu kommen Schlaflosigkeit, Aggressivität, Entzugserscheinungen eben.
Ich erinnere mich, als wir das erste Mal den Abend und die Nacht durchgekifft haben. Ich war so breit wie nie zuvor, und mein Bauch tat mir vom Lachen weh. Damals dachte ich, das ist geil, so will ich mich mit 60 auch noch fühlen. Ich wusste eben nicht, dass die Lustigkeit im Übermaß vergeht und nur die Lethargie bleibt."

Zit. nach: Jakob Bär: Deine kleinen Augen machen mich so sentimental. In: fluter Nr. 37/2010, S. 29. Unter: http://www.fluter.de/de/95/heft/9076/ (Stand 23.03.2011). © 2001–2011 fluter.de/Bundeszentrale für politische Bildung.

Sucht – worin besteht die Gefahr?

A1 Unterhalten Sie sich in einem Schreibgespräch mit einem frei gewählten Gesprächspartner aus der Klasse über den Erfahrungsbericht von Jakob Bär. →

A2 Nehmen Sie dafür ein leeres Blatt Schreibpapier und notieren Sie abwechselnd Ihre Gedanken. Hängen oder legen Sie die Seiten anschließend aus und lesen Sie die „Gespräche". →

Autor:
Thomas Schwörer
1 Jugend und Familie
Kopiervorlagen Politik
ISBN: 978-3-12-800488-4

Name Klasse Datum

Soziales Engagement von Jugendlichen

M1 Aktivitäten von Jugendlichen

Bereiche	2006		2010	
	Oft	Gelegentlich	Oft	Gelegentlich
Ich bin aktiv für				
eine sinnvolle Freizeitgestaltung von Jugendlichen	13	31	15	33
die Interessen von Jugendlichen	10	36	13	38
hilfebedürftige ältere Menschen	8	34	10	37
den Umwelt- oder Tierschutz	7	24	8	28
ein besseres Zusammenleben mit Migranten	6	22	8	25
ein besseres Zusammenleben am Wohnort	6	18	6	22
Sicherheit und Ordnung am Wohnort	6	16	6	20
Menschen mit Behinderung	5	13	5	18
sozial schwache Menschen	5	29	7	32
Menschen in den armen Ländern	4	24	6	27
die Pflege der deutschen Kultur und Tradition	3	15	6	17
soziale und politische Veränderungen	2	14	3	17
Sonstiges	7	24	7	25

Befragt wurden Jugendliche im Alter von 12 bis 25 Jahren (Angaben in %).
Zit. nach: Shell Deutschland Holding (Hg.), Jugend 2010, Frankfurt a. M. 2010, S. 153.

A1 „Liegt im Trend: Aktiv sein für andere!“ Stimmt diese These? Überprüfen Sie die Aussage mithilfe der Tabelle. →

A2 Wo würden Sie sich engagieren? Nennen Sie **drei** Bereiche oder Organisationen, in denen Sie bereits mitarbeiten oder gern mitarbeiten würden.

Bereich/Organisation	Würde mich hier engagieren:	Bin bereits hier aktiv:

A3 Warum engagieren sich Jugendliche?
Beschreiben Sie Ihre persönliche Motivation oder die Gründe, die andere Jugendliche für ihr soziales Engagement anführen. →

Autor:
Thomas Schwörer
1 Jugend und Familie
Kopiervorlagen Politik
ISBN: 978-3-12-800488-4

Name Klasse Datum

Recherche/Linktipp
Soziale Netzwerke
c75gd8

Mediennutzung

A1 Sind Sie online? Notieren Sie drei soziale Netzwerke (wie z. B. Facebook), die Sie kennen. Tragen Sie in der Tabelle ein, ob Sie sie nutzen und wenn ja, wie und wofür.

Internet-Plattform	Nutze ich für ...

A2 Risiken und Nebenwirkungen? Was können Sie tun, um die Gefahren beim Benutzen von Online-Netzwerken so gering wie möglich zu halten? Recherchieren Sie die Empfehlungen von Stiftung Warentest oder die Hinweise aus dem Bundesamt für Sicherheit in der Informationstechnik (BSI). →

A3 Gewinner oder Verlierer? Seit der Verbreitung der neuen Medien entwickeln sich unterschiedliche Nutzertypen. Zwei Extreme lassen sich unterscheiden: „User" und „Loser".

a) Wie würden Sie – im Gegensatz zum intelligenten „User" – den „Loser" beschreiben?

„USER" ☺	„LOSER" ☹
Menschen mit einem schnellen und sicheren Zugriff auf die jeweils gewünschten Informationen und Daten. Im Umgang mit den neuen Medien haben sie gelernt, deren Stärken zu nutzen und deren Risiken zu minimieren. Sie recherchieren zielsicher, können hochwertige Informationen von „Datenmüll" unterscheiden und nutzen die Möglichkeit zu spielen und zu kommunizieren, ohne ihr Zeitbudget aus dem Blick zu verlieren.	

b) Was könnte unternommen werden, um aus „Losern" „User" zu machen?

Name Klasse Datum

Angebot und Nachfrage – Lehrstellenmarkt

Das duale System führt zu einer praxisnahen Berufsausbildung und versorgt die Wirtschaft mit qualifizierten Arbeitskräften. Die Ausbildungsordnung und der Unterricht in der Schule sorgen dafür, dass die Betriebe nicht einseitig nach ihrem speziellen Bedarf ausbilden. Allerdings funktioniert das System nur, wenn viele Betriebe bereit sind, auszubilden – auch über ihren eigenen Bedarf hinaus. Ein Gleichgewicht zwischen dem Angebot und der Nachfrage nach Lehrstellen ist jedoch nur schwer herzustellen. In manchen Berufen können die Unternehmen ihren Bedarf an Auszubildenden nicht mehr decken; andere Ausbildungen sind völlig überlaufen. Dazu kommen regionale Unterschiede: Gegenden mit einem Mangel an Bewerbern (z. B. in Oberbayern) und solche mit Bewerberüberhang (z. B. in Mecklenburg-Vorpommern).

A1 Angebot und Nachfrage auf dem Lehrstellenmarkt? Lesen Sie den Text und schauen Sie sich die Grafik an. Erklären Sie, warum es immer schwierig sein wird, auf einem Arbeitsmarkt Angebot und Nachfrage ins Gleichgewicht zu bringen.

M1 Situation am Lehrstellenmarkt

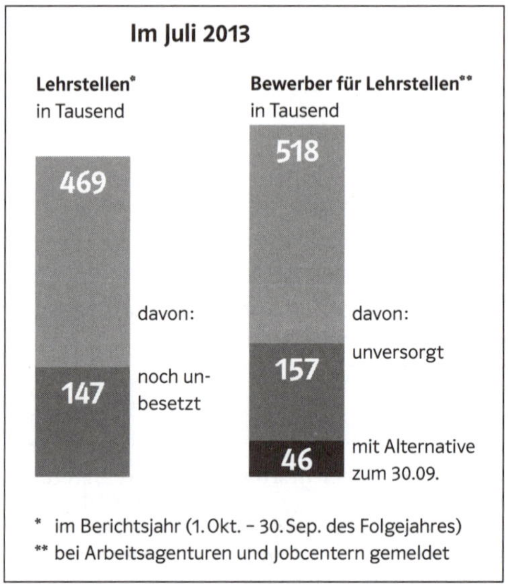

Quelle: Bundesagentur für Arbeit

A2 Strafe zahlen? Als Maßnahme gegen den Lehrstellenmangel wird vorgeschlagen, dass alle Betriebe, die nicht ausbilden, eine Ausbildungsabgabe bezahlen sollen. Nehmen Sie Stellung.

A3 Überangebot? In den nächsten Jahren werden die Bewerberzahlen zurückgehen, und die Zahl der angebotenen Lehrstellen wird steigen. Stellen Sie dar, was sich dadurch für die Betriebe und die Bewerberinnen verändert.

Autor: Thomas Schwörer
2 Bildung und Beruf
Kopiervorlagen Politik
ISBN: 978-3-12-800488-4

Name Klasse Datum

Gefragt in Alltag und Beruf – Kompetenzen

Unter **Schlüsselqualifikationen** fasst man alle Fähigkeiten zusammen, die jemand braucht, um auf neuartige Anforderungen im Privatleben und im Beruf reagieren zu können. Welche Fähigkeiten sind das? Und in welchen Situationen kommen sie zum Einsatz?

A1 Sind Sie fähig? Ordnen Sie die folgenden zwölf Schlüsselqualifikationen den passenden Beschreibungen zu.
Reflexionsfähigkeit – Konfliktfähigkeit – Belastbarkeit – Kommunikationsfähigkeit – Fleiß/Selbstdisziplin – Eigenverantwortung – Lernbereitschaft – Einfühlungsvermögen – Initiative – Handeln mit Weitblick – Offenheit – Teamfähigkeit

Beschreibung der Fähigkeit	**Auf den Begriff gebracht**
„Ich kann mit schwierigen Situationen umgehen."	Konfliktfähigkeit
„Ich habe Ziele und verfolge sie."	
„Ich komme gut mit anderen aus."	
„Ich will andere verstehen."	
„Ich berücksichtige auch die Auswirkungen meines Tuns."	
„Ich denke oft darüber nach, was ich kann und was ich will."	
„Ich handle überlegt, auch wenn ich Stress habe."	
„Ich bin offen für Neues."	
„Ich bin aktiv und ergreife Chancen."	
„Ich bin fleißig und mache, was zu tun ist."	
„Ich gehe auf andere Menschen zu und drücke mich situationsgerecht aus."	
„Ich möchte ständig dazulernen."	

A2 Mehr als fachlich kompetent! Warum reicht es in der heutigen Arbeitswelt nicht aus, einfach nur fachlich kompetent zu sein? Orientieren Sie sich bei Ihrer Antwort an einem möglichen Berufsbild.

Autor:
Thomas Schwörer
2 Bildung und Beruf
Kopiervorlagen Politik
ISBN: 978-3-12-800488-4

Name Klasse Datum

Lebenslang lernen

A1 Bildung ist teuer!? Betrachten Sie die Infografik und beantworten Sie folgende Fragen:
a) Wie viel Geld geben Unternehmen in Deutschland prozentual für Weiterbildungspersonal aus?
b) Wie viel Geld geben die Unternehmen prozentual für die drei wichtigsten Weiterbildungsmaßnahmen aus?
c) Was verstehen Sie unter „Lernen in der Arbeitssituation"?

M1 Unternehmerische Investition

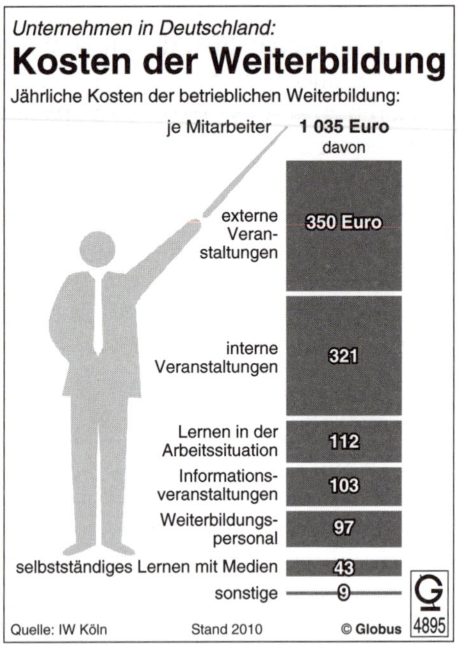

Picture-Alliance, Frankfurt

A2 Bildung lohnt sich!? Welchen Nutzen haben Unternehmen und Mitarbeiter von Weiterbildung?
Nennen Sie für beide Seiten je drei Vorteile.

Unternehmen	Mitarbeiter

A3 Mein „lebenslanger Lernweg". Informieren Sie sich über Weiterbildungs- und Aufstiegsmöglichkeiten in drei unterschiedlichen Berufen. Beschreiben Sie jeweils einen Weg, auf dem Sie Schritt für Schritt Ihre persönliche Qualifikation steigern könnten.

Autor:
Thomas Schwörer

2 Bildung und Beruf
Kopiervorlagen Politik
ISBN: 978-3-12-800488-4

Name Klasse Datum

Was ein Studium bringt!

Die Zahl der Studienanfänger steigt Jahr für Jahr. Darunter sind auch immer mehr junge Menschen, die kein klassisches Abitur nachweisen können, wenngleich ihr Anteil bisher mit rund 2,5 % relativ niedrig ist. Die Kultusministerkonferenz drängt aber weiter darauf, dass sich die Hochschulen qualifizierten Bewerbern öffnen und neue, flexible Studienmodelle entwickeln. Dabei bleibt eine Frage offen: Lohnt sich ein Studium überhaupt?

A1 Lohnt sich ein Studium? Beschreiben Sie die nebenstehende Statistik und beurteilen Sie begründet, ob sich ein Studium „lohnt". Begründen Sie anschließend, weshalb eine solche Statistik nur begrenzte Aussagekraft hat.

M1 Bruttojahresentgelte im Durchschnitt

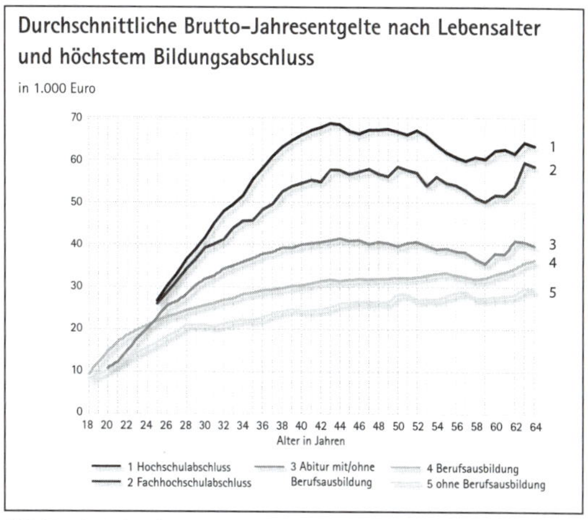

IAB-Kurzbericht 1/2014

A2 Argumente für und gegen das Studieren. Sammeln Sie weitere Argumente für und gegen ein Studium. Worin bestehen die Chancen, worin die Probleme, Hürden, Risiken? Diskutieren Sie die Argumente anschließend in der Klasse und vervollständigen Sie die Tabelle.

Argumente für ein Studium	Argumente gegen ein Studium

A3 Studieren mit oder ohne Hochschulreife: Möglichkeiten. Informieren Sie sich im Internet über Ihre Möglichkeiten, ein Studium aufzunehmen. Lohnt sich ein Studium aus Ihrer ganz persönlichen Sicht? →

Name Klasse Datum

Arbeitswelt im Wandel

Die industrielle Revolution beschert Europa seit 300 Jahren eine rasante wirtschaftliche Entwicklung. Sie ist auch **eine Revolution der beruflichen Arbeit**. Denn der Einsatz von immer mehr und immer intelligenterer Technik, der die Produktivität der Arbeit so immens steigert, wirkt sich auch unmittelbar auf die Arbeitsplätze aus. Zuerst entstanden neue Tätigkeiten, dann neue Berufe. Da, wo Maschinen die menschliche Arbeitskraft ganz ersetzten – z. B. in der automatisierten Fertigung –, fielen Arbeitsplätze weg. Zugleich entstanden neue an anderer Stelle im Produktionsprozess. Eine Spirale kam in Gang: eine Spirale, die den arbeitenden Menschen zwingt, mit der Entwicklung der Wirtschaft Schritt zu halten. Das zeigt sich heute in vielen Wirtschaftszweigen und an vielen Berufsbildern.

A1 Wie wirkt sich der technische Fortschritt in der Arbeitswelt aus?
a) Nennen Sie Auswirkungen von technischen Veränderungen auf den Arbeitsprozess.

b) Erklären Sie den Begriff „Informationsgesellschaft".

A2 Welche Folgen ergeben sich aus dem ökonomischen Wandel für den arbeitenden Menschen? Zählen Sie stichwortartig einige neue Anforderungen an Arbeitnehmer auf.

A3 Wie entwickelt sich die Gesellschaft? Vervollständigen Sie die Übersicht.

	Agrargesellschaft	**Industriegesellschaft**	**Informationsgesellschaft**
Hauptziel		Sicherheit	Lebensqualität
Transport	zu Fuß, Pferdewagen, Kutsche		
Medien		Zeitung/Zeitschrift, Radio, Fernsehen	
Kommunikation			Handy, SMS, E-Mail, Fax
Zusammenleben	Mehr-Generationen-Familie		

Autor:
Thomas Schwörer
2 Bildung und Beruf
Kopiervorlagen Politik
ISBN: 978-3-12-800488-4

Recherche/Linktipp
Industrie 4.0
iy6q99

Berufsbilder in der digitalen Welt

M1 Wandel zur Wissensarbeit

„Facharbeit durchlebt einen immer deutlicheren Wandel hin zur Wissensarbeit. […] Die einzelnen Beschäftigten werden immer weniger in der Lage sein, sämtliches Fachwissen vorhalten zu können. Sie werden sich in Datenbanken das benötigte Wissen immer wieder neu beschaffen müssen, sie werden mit Kollegen über Problemlösungen per Funk kommunizieren sowie mit mobilen Endgeräten elektronische Diagnoseverfahren und Störfallbehebungen vor Ort durchführen. Informationen und Erkenntnisse im Zuge der Aufgabenlösung werden von den einzelnen Technikern und Monteuren in einen gemeinsamen Wissenspool rückgemeldet und stehen für Kollegen, die vor ähnlichen Problemstellungen stehen, aktuell zur Verfügung."

Zit. nach: Bundesinstitut für Berufsbildung (Hrsg.): Internetversion des BIBB-Datenreports zum Berufsbildungsbericht 2013, Bonn 2013. Unter: http://datenreport.bibb.de/media2013/kapitel_c4.pdf.

A1 Veränderte Arbeit? Erläutern Sie ausgehend vom Text den Trend zu einer „Informatisierung der Facharbeit" und beschreiben Sie deren Folgen für Beschäftigte.

A2 Veränderte Arbeitskraft? Recherchieren und beschreiben Sie das Zukunftsprojekt „Industrie 4.0" und nehmen Sie Stellung zu der Frage, ob künftig überhaupt noch (menschliche) Arbeitskraft benötigt wird. Diskutieren Sie diese Frage anschließend in der Klasse.

A3 Vielfältige Arbeitsmöglichkeiten! Softwareentwickler, IT-Vertriebsbeauftragte, Online-Redakteurin und viele weitere – die Liste von Berufen im Bereich IT ist lang. Recherchieren Sie zu einem Beruf Ihrer Wahl und stellen Sie diesen in Ihrer Klasse vor. →

Tätigkeit	
Voraussetzungen	
aktuelle Situation	

M1 Netzwerkingenieur bei der Arbeit

Fotolia.com (Arkady Chubykin), New York

ISBN: 978-3-12-800488-4

Name Klasse Datum

Armut in Deutschland

A1 „Absolut arm" oder „relativ arm"? Erläutern Sie beide Begriffe. Welcher Armutsbegriff wird in Deutschland verwendet?

a) Absolute Armut: ______________________________

____

b) Relative Armut: ______________________________

____

A2 Wer gilt als arm in Deutschland? Das persönliche Durchschnittseinkommen in Deutschland lag 2013 bei rund 34.000 € im Jahr. Ab welcher Einkommensgrenze gilt man als arm?

____

____

A3 Welche gesellschaftlichen Gruppen in Deutschland sind besonders armutsgefährdet? Untersuchen Sie das Schaubild. Welche Gründe vermuten Sie?

M1 Ausgewählte Armutsgefährdungsquoten in Prozent, 2011[1]

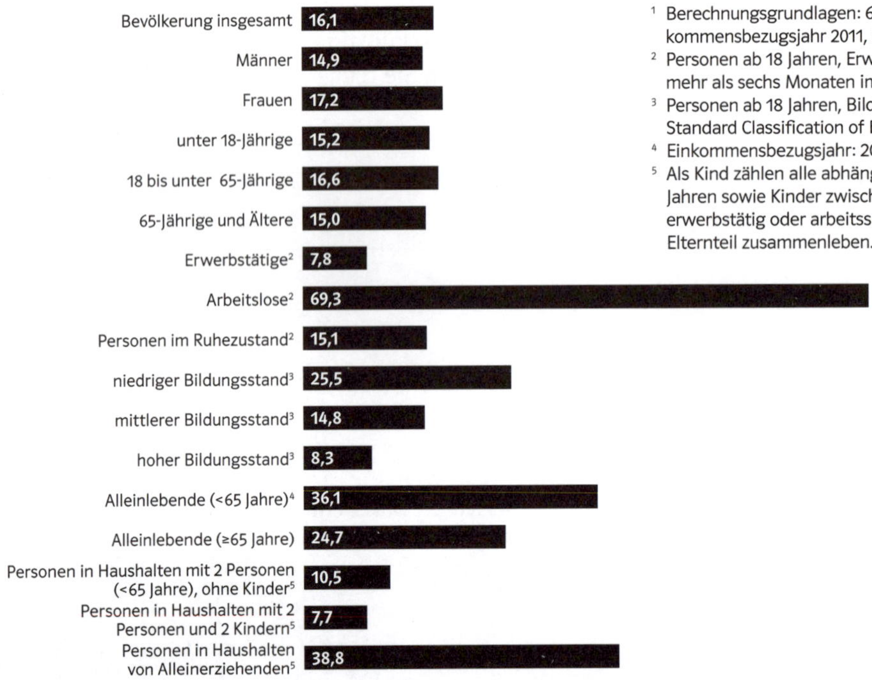

[1] Berechnungsgrundlagen: 60 %-Median, modifizierte OECD-Skala/Einkommensbezugsjahr 2011, Erhebungsjahr: 2012, Veröffentlicht: 2013
[2] Personen ab 18 Jahren, Erwerbsstatus, der über einen Zeitraum von mehr als sechs Monaten im Einkommensbezugsjahr (2011) galt.
[3] Personen ab 18 Jahren, Bildungsstatus nach der ISCED (International Standard Classification of Education)
[4] Einkommensbezugsjahr: 2010
[5] Als Kind zählen alle abhängigen Kinder, das heißt Kinder unter 18 Jahren sowie Kinder zwischen 18 und 24 Jahren, sofern sie nicht erwerbstätig oder arbeitssuchend sind und mit mindestens einem Elternteil zusammenleben.

Quelle: Statistisches Bundesamt

____

____

____

____

____

Klett

Autor:
Thomas Schwörer

3 Soziale Sicherheit – soziale Gerechtigkeit
Kopiervorlagen Politik
ISBN: 978-3-12-800488-4

Name Klasse Datum

A4 Was kann der Staat tun, um die betroffenen Problemgruppen zu unterstützen? Formulieren Sie eine besonders wichtige Aufgabe.

Eine besonders wichtige Aufgabe besteht darin, ______

______

A5 Was können die Bürger tun, um ihr Armutsrisiko zu verringern?

Jeder sollte dafür sorgen, … ______

______

A6 Wie lautet der Grundgesetzartikel, der die Bundesrepublik als Sozialstaat ausweist? Schlagen Sie im Grundgesetz nach und notieren Sie die Textpassage in der Mitte der Grafik. →

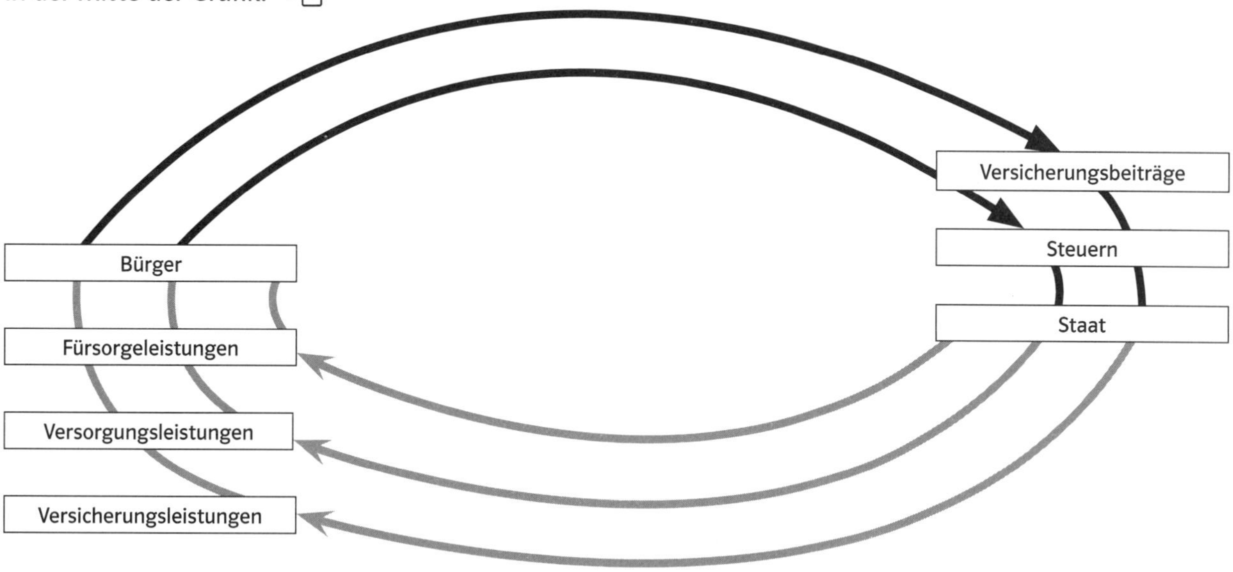

A7 Wie finanziert der Sozialstaat die Unterstützung der Bürger, die sich in Notlagen befinden? Erläutern Sie die Grafik.

______

______

A8 Was verbirgt sich hinter den drei Sozialstaatsprinzipien? Erläutern Sie die Begriffe und nennen Sie je zwei soziale Leistungen.

Prinzipien	**Beispiele**
Versicherungsprinzip	
Versorgungsprinzip	
Fürsorgeprinzip	

Autor:
Thomas Schwörer

ISBN: 978-3-12-800488-4

Name Klasse Datum

Neue Beschäftigung – atypisch und prekär?

Neben dem klassischen Normalarbeitsverhältnis, verstanden als unbefristete und existenzsichernde Lohnarbeit, etablieren sich zunehmend atypische Arbeitsformen. Hierzu zählen u.a. Leiharbeit, befristete und geringfügig entlohnte Arbeitsverhältnisse. So stieg zwar die Beschäftigung in Deutschland bis Mitte 2013 auf ein Rekordniveau von fast 41,8 Mio., gleichzeitig blieb das insgesamt geleistete Arbeitsvolumen mit starken Schwankungen seit 1993 stabil. Oft sind diese Arbeitsverhältnisse im Niedriglohnsektor angesiedelt – deshalb werden sie auch als prekär bezeichnet.

M1 Atypische Beschäftigung in absoluten Zahlen*, 1991 bis 2011

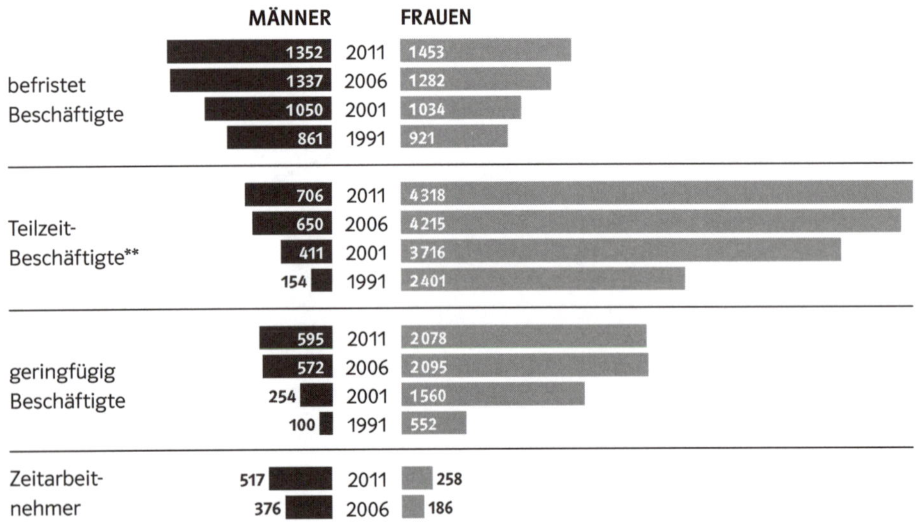

*Mehrfachzählungen möglich/ Personen im Alter von 25 bis 64 Jahren ohne Schüler, Studenten, Auszubildende, Zeit- bzw. Berufssoldaten, Grundwehr- und Zivildienstleistende. 1991 und 2001 Ergebnisse einer Bezugswoche im Frühjahr, 2006 und 2011 Jahresdurchschnittswerte, sowie geänderte Erhebungs- und Hochrechnungsverfahren.

**mit 20 oder weniger Arbeitsstunden pro Woche

Quelle: Stastistisches Bundesamt www.destatis.de

A1 (Un-)übersichtliche Arbeitswelt?! Erläutern Sie kurz die folgende Auswahl verschiedener Formen atypischer Beschäftigung.

Leiharbeit: ______________________________

____

____

Teilzeitarbeit: ______________________________

____

Minijob: ______________________________

____

____

A2 20 Jahre Bewegung auf dem Arbeitsmarkt! Interpretieren Sie die Statistik und berechnen Sie die prozentuale Zunahme der jeweiligen Beschäftigungsformen. →

A3 Flexibilisierung des Arbeitsmarktes. Diskutieren Sie aus Arbeitnehmer- und Arbeitgebersicht Vor- und Nachteile von atypischer Beschäftigung. →

Autor: Andrej Keller
3 Soziale Sicherheit – soziale Gerechtigkeit
Kopiervorlagen Politik
ISBN: 978-3-12-800488-4

Name Klasse Datum

Recherche/Linktipp
Mindestlöhne
ku44ij

Mindestlöhne – was ist gerecht?

Seit Jahrzehnten wird die Einführung gesetzlicher und flächendeckender Mindestlöhne (ML) für alle Branchen in der Bundesrepublik diskutiert. Während die Verfechter der gesetzlichen ML in ihnen ein Mittel zur Herstellung sozialer Gerechtigkeit erkennen, lehnen die Gegner sie mit dem Hinweis auf die Tarifautonomie ab. Über die Wirkung von ML herrscht in der Wissenschaft Uneinigkeit. In den meisten EU-Staaten sind ML seit Jahren etabliert.

A1 Mindestlohn soll kommen! CDU/CSU und SPD haben die Einführung eines gesetzlichen ML beschlossen. Informieren Sie sich über Einzelheiten.

A2 Umstrittener Mindestlohn! Finden Sie je drei Argumente.

pro Mindestlohn	kontra Mindestlohn

A3 Europa als Vorbild?! Entwickeln Sie mithilfe der beiden Statistiken eine Stellungnahme für oder gegen den ML.

M1 Gesetzliche Mindestlöhne in der EU

Mindestlöhne: Eurokrise bremst Entwicklung

Gesetzliche Mindestlöhne in der EU		zuletzt geändert	01.2012 bis 01.2013
Luxemburg	10,83 €	01.2013	+4,0 %
Frankreich	9,43 €	01.2013	+2,3 %
Belgien	9,10 €	12.2012	+4,0 %
Niederlande	9,01 €	01.2013	+1,5 %
Irland	8,65 €	07.2011	±0 %
Großbritannien	7,63 €	10.2012	+1,8 %
Slowenien	4,53 €	01.2013	+2,7 %
Malta	4,06 €	01.2013	+2,5 %
Spanien	3,91 €	01.2013	+0,5 %
Griechenland	3,35 €	03.2012	-22,8 %
Portugal	2,92 €	01.2011	±0 %
Polen	2,21 €	01.2013	+6,7 %
Ungarn	1,95 €	01.2013	+5,4 %
Slowakei	1,94 €	01.2013	+3,2 %
Tschechien	1,91 €	01.2007	±0 %
Estland	1,90 €	01.2013	+5,6 %
Litauen	1,76 €	01.2013	+24,9 %
Lettland	1,71 €	01.2011	±0 %
Bulgarien	0,95 €	01.2013	+14,9 %
Rumänien	0,92 €	01.2012	±0 %

Quelle: WSI Mindestlohndatenbank 2013

M2 Arbeitslosigkeit im Dezember 2013 in einigen europäischen Staaten

Spanien	Portugal	Griechenland	Frankreich	Niederlande	Belgien	Großbritannien	Irland	Polen	Deutschland
25,8 %	15,4 %	27,8 %	10,8 %	7,0 %	8,4 %	7,2 %	12,1 %	10,1 %	5,1 %

Autor:
Andrej Keller

ISBN: 978-3-12-800488-4

Name Klasse Datum

Arbeitslosigkeit und ihre Folgen

Seit den 1980er-Jahren besteht in Deutschland das Phänomen der Langzeit- und Massenarbeitslosigkeit. Obwohl sich die finanzielle Situation der meisten Langzeitarbeitslosen durch die Arbeitsmarktreformen der letzten Jahre verschlechtert hat, herrschen weiterhin Vorurteile gegen Arbeitslose in der Gesellschaft. Arbeitslosigkeit gilt als wesentlicher Grund für das individuelle Armutsrisiko. Daneben hat Arbeitslosigkeit weitreichende soziale und psychische Folgen für Betroffene, deren nahes Umfeld sowie für die gesamte Gesellschaft.

A1 Ursachensuche! Erläutern Sie die verschiedenen Typen von Arbeitslosigkeit.

Typen von Arbeitslosigkeit

friktionell | saisonal | konjunkturell | strukturell

A2 Leben in Saus und Braus mit Hartz IV? Problematisieren Sie dieses gesellschaftliche Vorurteil anhand des ALG II-Regelsatzes für einen alleinstehenden Arbeitslosen (391 €, Stand Juni 2014). Vergleichen Sie Ihr eigenes Konsumverhalten/die Haushaltsausgaben in Ihrer Familie mit den ALG II-Regelsätzen.

A3 Arbeitslosigkeit kostet! Analysieren Sie die gesellschaftlichen und individuellen Kosten von Arbeitslosigkeit.

Individuelle Kosten:

M1 Regelsatz ALG II ab Januar 2014

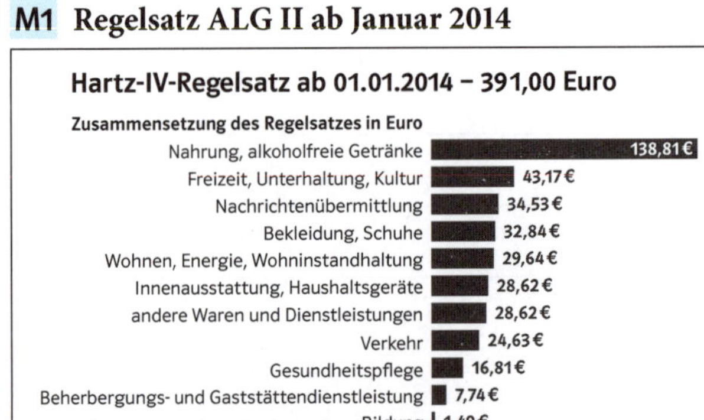

Quelle: Initiative ALG II Selbsthilfe e.V.

Gesellschaftliche Kosten:

Autor:
Andrej Keller
3 Soziale Sicherheit – soziale Gerechtigkeit
Kopiervorlagen Politik
ISBN: 978-3-12-800488-4

Name Klasse Datum

Sozialstaat der Zukunft

A1 Sozial oder individuell? Stellen Sie drei Merkmale von Sozialversicherungen und Individualversicherungen einander gegenüber.

Sozialversicherung	**Individualversicherung**

A2 Steigende Kosten – sinkende Einnahmen? Erläutern Sie die gegenwärtige Krise, in die das deutsche Sozialversicherungssystem geraten ist.

A3 Was tun? Machen Sie Vorschläge für Maßnahmen, die der Staat ergreifen kann, um die Sozialausgaben zu begrenzen und den Sozialstaat aus der Krise zu führen. Ein Beispiel ist vorgegeben.

Vorschlag:

Vorschlag:

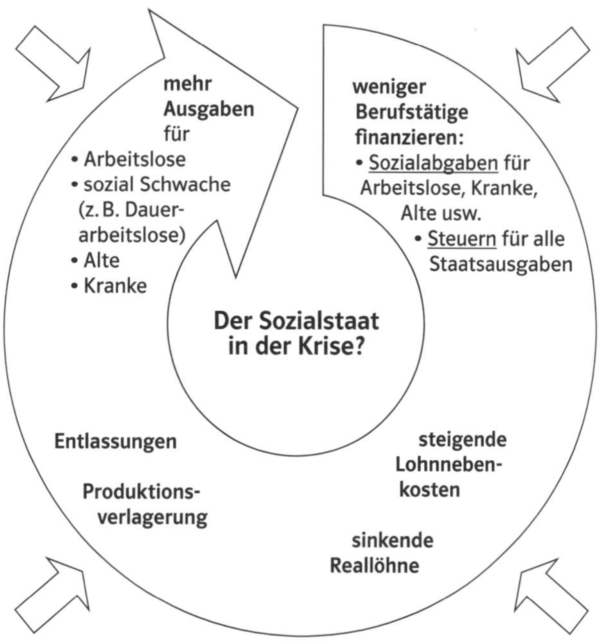

Vorschlag:
Alle Berufstätigen müssten in die Sozialversicherung einzahlen (Bürgerversicherung).

Vorschlag:

A4 Aussicht auf Erfolg? Welchen Ihrer Vorschläge halten Sie für besonders Erfolg versprechend? Begründen Sie in Stichworten.

Autor:
Thomas Schwörer

ISBN: 978-3-12-800488-4

Name Klasse Datum

Recherche/Linktipp
Altersarmut
j6r2nw

Unsichere Zukunft – droht Altersarmut?

Zunehmend wird vor einer Welle an drohender Altersarmut gewarnt. Als altersarm gelten nach einer gängigen Definition diejenigen Personen, die auf Grundsicherung im Alter angewiesen sind. 2011 waren dies 436 000 der über 65-Jährigen. Sie erhielten im Durchschnitt 698 Euro im Monat staatliche Unterstützung. 2012 arbeiteten 760 000 Menschen im Rentenalter als Minijobber, 120 000 davon waren 75 und älter. Wie bei der medizinischen Versorgung soll in Zukunft auch im Alter die soziale Schere auseinandergehen.

M1 Der schöne Lebensabend

Alte Menschen aus der Ober- und Mittelklasse behalten im Allgemeinen ihren Sozialstatus. Die Akademiker aus den freiberuflichen Professionen, den gehobenen Lehrberufen an Universitäten und anderen Hochschulen, der höheren Beamten- und leitenden Angestelltenschaft verlieren ihr akkumuliertes Berufs- und Leistungsprestige genauso wenig wie Unternehmer und höhere Manager. Materiell sind sie abgesichert durch Pensionen, Ruhegehaltsbezüge, Betriebsrenten, Lebensversicherungen, Vermögenseinkünfte. Gewöhnlich besitzen sie ein eigenes Haus oder eine komfortable Eigentumswohnung in einem privilegierten Wohnquartier. […]

Die hohe Kaufkraft ihres Alterseinkommens bestimmt den Dispositionsspielraum für ihre lebhafte Aktivität auf Urlaubsreisen, während der Verfolgung ihrer Hobbys, ihrer Fortbildungspläne (Studium über 60), ihrer Teilnahme an VHS-Veranstaltungen und Akademien. […] Die materielle Sicherheit und das Bildungsniveau ermöglichen ihnen eine aktive Freizeitnutzung, während der die Ferien-, Bildungs- und Kulturangebote wahrgenommen werden können. In der Regel sind diese oberen Altersgruppen auch durch eine höhere Lernbereitschaft gekennzeichnet, da sie ihr Leben lang zu ständigem Hinzulernen angehalten worden sind.

Nicht zuletzt hebt sich ihr Gesundheitszustand von demjenigen der Empfänger niedriger Renten auffällig vorteilhaft, da sie längst an frühe Prophylaxe gewöhnt sind, bessere medizinische Kenntnisse besitzen und schneller die Entscheidung treffen, das Gesundheitssystem im Verdachts- oder Krankheitsfall in Anspruch nehmen. Auch politisch sind sie vergleichsweise aktiver, wie sich das an ihrem Engagement in Bürgerinitiativen, Parteien und Verbänden ablesen lässt.

Zit. nach: Hans-Ulrich Wehler (2013): Die neue Umverteilung. Soziale Ungleichheit in Deutschland. München, S. 99 f.

A1 Ungleiche Alte? Informieren Sie sich über Gründe und Lebensumstände von Menschen, die in Altersarmut leben. Vergleichen Sie mit dem von Wehler (M1) beschriebenen Lebensabend privilegierter Senioren. Orientieren Sie sich bei der Lösung an der Beispieltabelle. →

Vergleichskriterien	privilegierte Alte	alte Menschen in Armut
Bildungshintergrund		
beruflicher Hintergrund		
Finanzquellen im Alter		
Freizeitverhalten		
Gesundheitszustand		

A2 Altersvorsorge! Woher kommt das Geld? Erläutern Sie das Drei-Säulen-Modell der Altersvorsorge. →

A3 Zweiklassenmedizin? Recherchieren Sie Alternativen zum heutigen Krankenversicherungssystem. →

Autor:
Andrej Keller

3 Soziale Sicherheit – soziale Gerechtigkeit
Kopiervorlagen Politik
ISBN: 978-3-12-800488-4

Name Klasse Datum

Immer älter ohne Kinder

Der demografische Wandel belastet die sozialen Sicherungssysteme, denn in einer alternden Gesellschaft mit immer weniger Geburten verschiebt sich die Balance zwischen Beitragszahlern und Leistungsempfängern zuungunsten der Beschäftigten. Mittlerweile beziehen bereits 20 Millionen Rentner in Deutschland staatliche Transferleistungen. Und die „Baby-Boomer-Generation", der in den 1960er-Jahren Geborenen, strebt mit großen Schritten dem Ruhestand entgegen. Kann Zuwanderung die zunehmenden Probleme des Sozialstaats lösen?

A1 Steigende Belastung! Interpretieren Sie die Grafik zum Generationenvertrag.

Mögliche Lösungen:

M1 Immer weniger starke Schultern

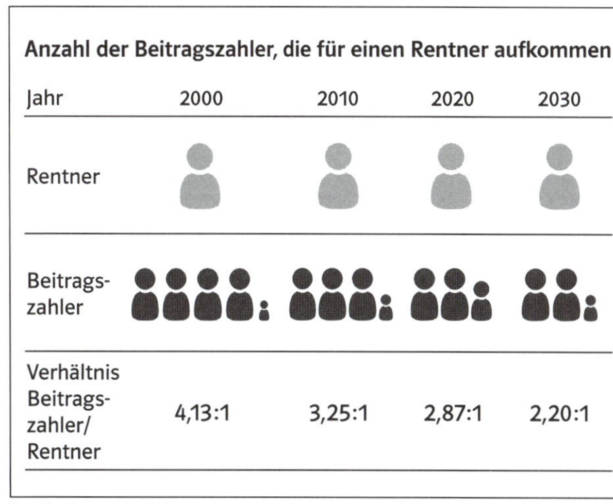

Quelle: Rürup-Bericht

A2 Immer weniger und immer älter! Erläutern Sie stichpunktartig die wesentlichen Gründe für den demografischen Wandel in Deutschland.

rückgängige Geburtenzahlen	steigende Lebenserwartung

A3 Zuwanderung als Problemlösung? Diskutieren Sie, inwieweit eine verstärkte Zuwanderung den demografischen Wandel in Deutschland abschwächen könnte.

Machtkontrolle durch Gewaltenteilung

Gewaltenteilung gilt als Kernelement moderner Demokratien. Seit der Aufklärung werden die politischen Gewalten grob in Legislative (Gesetzgebung), Exekutive (Regierung/Verwaltung) sowie Judikative (Rechtsprechung) unterschieden. Unter Gewaltenteilung versteht man die Austarierung und gegenseitige Kontrolle der politischen Gewalten („checks and balance"), die auf unterschiedliche Verfassungsorgane verteilt werden. In modernen Demokratien bestehen allerdings gegenseitige Einflussnahmen und Überschneidungen zwischen den Gewalten - deshalb wird anstatt von Gewaltenteilung von Gewaltenverschränkung gesprochen.

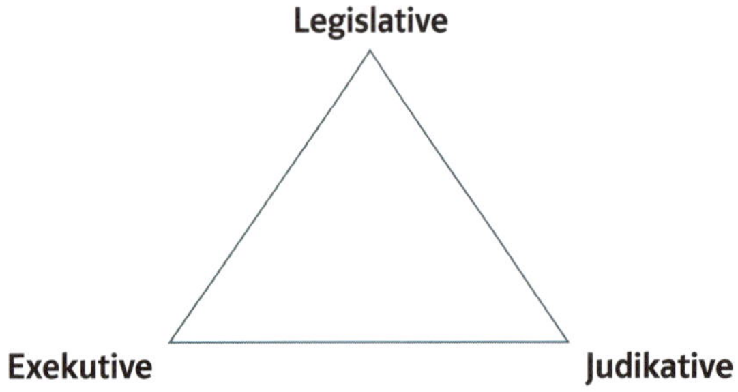

M1 Drei Arten von politischen Gewalten

Das Prinzip der Gewaltenteilung definierte der französische Staatstheoretiker Charles de Montesquieu (1689–1755) in seinem grundlegenden Werk „Vom Geist der Gesetze" im Jahr 1743:

„In jedem Staat gibt es drei Arten von Gewalt: die gesetzgebende Gewalt, die vollziehende Gewalt in Ansehung der Angelegenheiten, die vom Völkerrechte abhängen, und die vollziehende Gewalt hinsichtlich der Angelegenheiten, die vom bürgerlichen Recht abhängen. […]

Wenn in derselben Person oder der gleichen obrigkeitlichen Körperschaft die gesetzgebende Gewalt mit der vollziehenden vereinigt ist, gibt es keine Freiheit; denn es steht zu befürchten, dass derselbe Monarch […] tyrannische Gesetze macht, um sie tyrannisch zu vollziehen.

Es gibt ferner keine Freiheit, wenn die richterliche Gewalt nicht von der gesetzgebenden und vollziehenden getrennt ist. Ist sie mit der gesetzgebenden Gewalt verbunden, so wäre die Macht über Leben und Freiheit der Bürger willkürlich, weil der Richter Gesetzgeber wäre. Wäre sie mit der vollziehenden Gewalt verknüpft, so würde der Richter die Macht eines Unterdrückers haben.

Alles wäre verloren, wenn derselbe Mensch oder die gleiche Körperschaft der Großen, des Adels oder des Volkes diese drei Gewalten ausüben würde: die Macht, Gesetze zu geben, die öffentlichen Beschlüsse zu vollstrecken und die Verbrechen oder die Streitsachen der Einzelnen zu richten […]."

Zit. nach: Dieter Oberndörfer/Beate Rosenzweig (2000): Klassische Staatsphilosophie. München, S. 295.

A1 „Alles wäre verloren …" Erläutern Sie die Bedeutung der Gewaltenteilung nach Montesquieu. →

A2 Geteilte Gewalten auf zwei Ebenen. Ordnen Sie die entsprechenden Verfassungsorgane auf Bundes- und Landesebene den jeweiligen politischen Gewalten und Ebenen zu. →

A3 Politische Macht – mehrfach geteilt! Informieren Sie sich über die verschiedenen Formen der Gewaltenteilung (GW) in modernen Demokratien und erklären Sie folgende Begriffe in eigenen Worten. →
Horizontale GW, Vertikale GW, Temporale GW, Konstitutionelle GW, Dezisive GW

A4 Gewaltenverschränkung: Notwendigkeit oder verpfuschte Gewaltenteilung? Setzen Sie sich kritisch mit dem Begriff der verschränkten Gewaltenteilung auseinander. →

Autor:
Andrej Keller
4 Politische Strukturen
Kopiervorlagen Politik
ISBN: 978-3-12-800488-4

Name Klasse Datum

Die Rolle des Bundesverfassungsgerichts

Regieren mit Gerichten?

Die Judikative ist in der Bundesrepublik eine echte „Dritte" Gewalt. Sie kontrolliert die Politik und versteht sich als „Hüter der Verfassung". Urteile des **Bundesverfassungsgerichts** können von Regierung und Parlament nicht ignoriert werden. Und weil es Politik in modernen Demokratien größtenteils mit der Arbeit an Gesetzen zu tun hat, spielt das Bundesverfassungsgericht auch für die Gesetzgebung eine wichtige Rolle. Allerdings dürfen die Richter keine politischen Entscheidungen treffen. Sie sollen aber prüfen, ob eine politische Entscheidung mit der Verfassung im Einklang steht.

A1 Wer lenkt? Interpretieren Sie die Karikatur und beziehen Sie die Kernaussage auf das Beispiel der Hartz-IV-Gesetzgebung.

a) Beschreiben Sie, was zu sehen und was zu lesen ist.

M1 Fremdgesteuert?

Walter Hanel, Bergisch Gladbach

b) Arbeiten Sie die Kernaussage der Karikatur heraus.

c) Notieren Sie zwei Fragen, die sich aus der Kernaussage der Karikatur für Sie ergeben.

Autor:
Thomas Schwörer

ISBN: 978-3-12-800488-4

Name Klasse Datum

d) **Beziehen Sie die Kernaussage der Karikatur auf das Beispiel der Hartz-IV-Reform und nehmen Sie dazu Stellung (siehe M2).**

M2 Fallbeispiel Hartz-IV-Reform

Was geschah?

Februar 2010

Der Erste Senat des Bundesverfassungsgerichts entschied, dass die Hartz-IV-Regelleistungen für Erwachsene und Kinder nicht den verfassungsrechtlichen Grundsätzen genügen. Er verpflichtete den Gesetzgeber, die Bestimmungen zu überarbeiten und bis zum 1. Januar 2011 eine neue Fassung in Kraft zu setzen.

Das Gericht kritisierte nicht die Höhe der Sätze, sondern die Art, wie sie zustande kamen. Es warf den Fachreferenten der Regierung vor, sie seien bei den Sätzen für die Erwachsenen von ihrem Statistikmodell ohne sachliche Rechtfertigung an mehreren Stellen abgewichen. Bei den Kindern hätten sie erst gar nicht versucht, den spezifischen Bedarf zu ermitteln und die Auszahlungssumme geradezu willkürlich festgelegt. Dadurch blieben z.B. notwendige Ausgaben für Bildung (wie Schulbücher und Taschenrechner) und Freizeit (wie sportliche oder musische Förderung) unberücksichtigt. Dies müsse durch eine Reform des Gesetzes nachgeholt werden.

Bis Dezember 2010

Das Arbeitsministerium berechnete den Regelsatz neu und kam auf eine Erhöhung um fünf Euro für Erwachsene (364 Euro im Monat). Für Kinder und Jugendliche sollten nicht die Sätze erhöht, sondern ein Bildungspaket verabschiedet werden. Der Bundestag stimmte ab und beschloss die Neuregelung.

Dezember 2010

Der Bundesrat stoppte die Hartz-IV-Reform. Die Neuregelung fand nicht die erforderliche Zustimmung der Länderkammer. Dort verfügte die Regierungskoalition nicht über die Mehrheit der Stimmen. Daraufhin rief die Bundesregierung den Vermittlungsausschuss an, der im Anschluss an die Bundesratssitzung eine Arbeitsgruppe beauftragte, Kompromissmöglichkeiten zu erkunden.

Januar 2011

Der eingesetzte Vermittlungsausschuss kam nach zähen Verhandlungen zu keinem gemeinsamen Ergebnis. Schließlich versuchte die schwarz-gelbe Koalition, ihren nachgebesserten Entwurf der Hartz-IV-Reform erneut im Bundesrat einzubringen. Vor allem das von einer schwarz-gelb-grünen Regierung geführte Saarland, aber auch das von einer Großen Koalition regierte Sachsen-Anhalt galten als mögliche Kandidaten für eine Zustimmung.

Februar 2011

Der Bundesrat lehnte eine Abstimmung über die von der Regierungsseite dominierten Vorschläge des Vermittlungsausschusses ab. Die Sache war festgefahren. Damit stand eigentlich ein neues Vermittlungsverfahren an. Nun versuchten einige Ministerpräsidenten unter Führung des rheinlandpfälzischen Ministerpräsidenten Kurt Beck (SPD), die Verhandlungen selbst in die Hand zu nehmen. Das ist ungewöhnlich und im Gang der Gesetzgebung so eigentlich nicht vorgesehen.

März 2011

Der Streit um die Neuregelung war beendet. Die Bundesregierung einigte sich mit den SPD-Länderchefs auf einen Kompromiss: Die Hartz-IV-Empfänger bekamen rückwirkend zum 1. Januar 2011 fünf Euro mehr im Monat, ab 2012 weitere drei Euro – außerdem die Anpassung an die Preissteigerung. Hinzu kommt ein sogenanntes Bildungspaket für 2,5 Millionen Kinder von Geringverdienern.

Nun konnte die Gesetzesvorlage den üblichen Weg durch die Gremien fortsetzen: Nach der Zustimmung des Vermittlungsausschusses passierte sie die Abstimmungen in Bundestag und Bundesrat.

Autorentext (Thomas Schwörer)

Autor:
Thomas Schwörer
4 Politische Strukturen
Kopiervorlagen Politik
ISBN: 978-3-12-800488-4

Die Auslegung von Grundrechten

M1 Die Grundrechte im Grundgesetz

Grundrechte sind persönliche Rechte. Sie schützen jeden Bürger der Bundesrepublik Deutschland gegen Ansprüche und Übergriffe des Staates. Sie sind im Grundgesetz festgehalten und können eingeklagt werden – bis hin zum Bundesverfassungsgericht in Karlsruhe.

Aus einem Urteil des Bundesverfassungsgerichts:
„Das Grundrecht auf Gewährleistung eines menschenwürdigen Existenzminimums aus Art. 1 Abs. 1 GG in Verbindung mit dem Sozialstaatsprinzip des Art. 20 Abs. 1 GG sichert jedem Hilfebedürftigen diejenigen materiellen Voraussetzungen zu, die für seine physische Existenz und für ein Mindestmaß an Teilhabe am gesellschaftlichen, kulturellen und politischen Leben unerlässlich sind. […] Dieses Grundrecht […] muss eingelöst werden, bedarf aber der Konkretisierung und stetigen Aktualisierung durch den Gesetzgeber, der die zu erbringenden Leistungen an dem jeweiligen Entwicklungsstand des Gemeinwesens und den bestehenden Lebensbedingungen auszurichten hat. Der Umfang des verfassungsrechtlichen Leistungsanspruchs kann im Hinblick auf die Arten des Bedarfs und die dafür erforderlichen Mittel nicht unmittelbar aus der Verfassung abgeleitet werden. Die Konkretisierung obliegt dem Gesetzgeber, dem hierbei ein Gestaltungsspielraum zukommt."

Regelleistungen nach SGB II („Hartz IV-Gesetz") nicht verfassungsgemäß.
Zit. nach: BVerfG, 1 BvL 1/09 v. 09.02.2010, Absatz-Nr. (1-220), http://www.bverfg.de/entscheidungen/ls20100209_1bvl000109.html (Zugriff 23.03.2011). Copyright © 2011 BVerfG.

A1 Gibt es ein Grundrecht auf ein „menschenwürdiges Existenzminimum" im Grundgesetz? Schlagen Sie nach und notieren Sie die beiden Textpassagen, aus denen das Gericht (M1) den Anspruch auf ein „menschenwürdiges Existenzminimum" ableitet:

Art. 1 Abs. 1 GG: ______________________________

____

Art. 20 Abs. 1 GG: ______________________________

____

A2 Was ist ein „menschenwürdiges Existenzminimum"? Geben Sie in eigenen Worten wieder, was das Bundesverfassungsgericht (M1) darunter versteht. Ergänzen Sie ein Beispiel, das Ihrer Meinung nach den Sinn trifft.

____

____

____

A3 Wie soll die Höhe des Existenzminimums berechnet werden? Erläutern Sie anhand von M1, wie der Gesetzgeber vorgehen soll, wenn er die Höhe der monatlichen Sozialleistungen festlegt.

____

____

____

____

____

ISBN: 978-3-12-800488-4

Name Klasse Datum

M2 Fallbeispiel Hartz-IV-Reform

Aus einem Interview mit Sozialrichter Jürgen Borchert:

sueddeutsche.de: „Das Bundesverfassungsgericht hat entschieden, dass Hartz IV in der bisherigen Form keinen Bestand hat. Bekommt Deutschland ein neues Grundrecht?"
Jürgen Borchert: „Das Bundesverfassungsgericht hat das Recht auf ein menschenwürdiges Existenzminimum durch die Einbeziehung des Sozialstaatsgebots und damit die Bezugnahme auf die gesellschaftlichen Verhältnisse präzisiert. Es verlangt vom Gesetzgeber in Zukunft für die Bestimmung des Existenzminimums ein transparentes Verfahren und ein realtitätsgerechtes Ergebnis. Dafür hat dann der Bundestag selbst geradezustehen. Das ist neu."

sueddeutsche.de: „Inwieweit hat Deutschland bei Hartz IV dem Sozialstaatsgedanken nicht genügend Rechnung getragen?"
Borchert: „Der entscheidende Fehler lag weniger beim Sozialstaatsprinzip als vielmehr bei den Schätzungen in das Blaue hinein. Bei der Berechnung der Regelsätze nach dem sogenannten Statistikmodell wich man ohne stichhaltige Begründung von gefundenen Ergebnissen ab."

sueddeutsche.de: „Wie wird künftig festgelegt, was ein menschenwürdiges Existenzminimum ist?"
Borchert: „Keine Willkür mehr, keine Heimlichtuerei und ein parlamentarisches Verfahren – das sind die großen Fortschritte. Wenn der Gesetzgeber sich für eine Methode entscheidet, dann muss er sie konsequent durchhalten. Wenn er von ihr abweicht, muss er es in allen Einzelheiten begründen."
[...]

sueddeutsche.de: „Wird sich die finanzielle Situation der Familien mit diesem Urteil nachhaltig verbessern?"
Borchert: „Sie wird sich verbessern. Ob das finanziell passiert, oder aber in Form von Dienst- oder Sachleistungen, wird man sehen. Das Urteil unterstreicht auch hier die Gestaltungsfreiheit des Gesetzgebers."
[...]

Keine Willkür mehr, keine Heimlichtuerei. Zit. nach: Interview von Hans von der Hagen mit Sozialrichter Jürgen Borchert. Onlineartikel v. 09.02.2010. Unter: http://www.sueddeutsche.de/wirtschaft/interviewmitsozialrichterjuergen-borchertkeinewillkuermehrkeineheimlichtuerei-1.68081 (Stand 23.03.2011).

A4 Was kritisierte das Bundesverfassungsgericht an der Hartz-IV-Reform?

a) Lesen Sie das Interview mit dem Sozialrichter Jürgen Borchert (M2). Worin bestand der Fehler der Politiker, als sie die Hartz-IV-Sätze neu festgelegt haben? Und worin bestand er nicht?

b) Informieren Sie sich: Hat sich die Situation von Familien mit Hartz-IV-Leistungen inzwischen verbessert?

Autor: Thomas Schwörer
4 Politische Strukturen
Kopiervorlagen Politik
ISBN: 978-3-12-800488-4

Name Klasse Datum

M3 Elementare Bürgerrechte

60 110 © Erich Schmidt Verlag

> *„Jeder hat das Recht auf die freie Entfaltung seiner Persönlichkeit, soweit er nicht die Rechte anderer verletzt …"*
>
> *Art. 2 GG*

A5 Es gibt verschiedene Arten von Grundrechten. Inhaltlich können Grundrechte unterschieden werden in Freiheitsrechte, Abwehr- und Unverletzlichkeitsrechte sowie Gleichheits- und Teilhaberechte.

a) Beschreiben Sie, was man unter diesen Rechten versteht.

Freiheitsrechte: ______________________________

____

Unverletzlichkeitsrechte: ______________________________

____

Gleichheitsrechte: ______________________________

____

b) Welcher der drei Kategorien würden Sie das neue Grundrecht auf ein menschenwürdiges Existenzminimum zurechnen? Begründen Sie.

____

____

____

Autor:
Thomas Schwörer
4 Politische Strukturen
Kopiervorlagen Politik
ISBN: 978-3-12-800488-4

Name Klasse Datum

Der Bundesrat im Prozess der Gesetzgebung

Der Bundesrat: Mitspieler oder Gegenspieler?

Ohne die „Länderchefs" läuft im politischen Entscheidungsprozess zwischen Bund und Ländern kaum etwas. Besonders großen Einfluss erlangen die Länder auf die Bundespolitik durch den **Bundesrat**.
Durch diese Länderkammer wirken sie bei der Gesetzgebung und Verwaltung des Bundes mit – und seit 1992 sogar in Angelegenheiten der Europäischen Union. Sie tun dies mit je unterschiedlicher Stimmenzahl; die Stimmenzahl eines Bundeslandes richtet sich nach seiner Einwohnerzahl. Und sie tun dies mit unterschiedlichem Gewicht – je nachdem, welche Sache mit einem Gesetz geregelt werden soll.
Zustimmungsgesetze kommen nur zustande, wenn der Bundesrat mit der Mehrheit seiner Stimmen zustimmt.
Einspruchsgesetze kommen auch zustande, wenn der Bundesrat nicht einverstanden ist. Der Einspruch kann vom Bundestag durch eine nochmalige Abstimmung zurückgewiesen werden.

A1 Streit um eine missglückte Reform? Zeigen Sie am Fallbeispiel der Hartz-IV-Reform den Prozess der Gesetzgebung bei einem Zustimmungsgesetz auf, indem Sie beschriftete Pfeile in die Skizze einfügen. Nutzen Sie dafür eine Chronik der Ereignisse und auch Ihr Schulbuch.

A2 Unterschiedliche Mehrheitsverhältnisse in Bundestag und Bundesrat? Erklären Sie, wie es dazu kommen kann.

____
____
____
____
____
____
____
____
____
____
____
____
____
____

M1 Entstehung eines zustimmungspflichtigen Bundesgesetzes

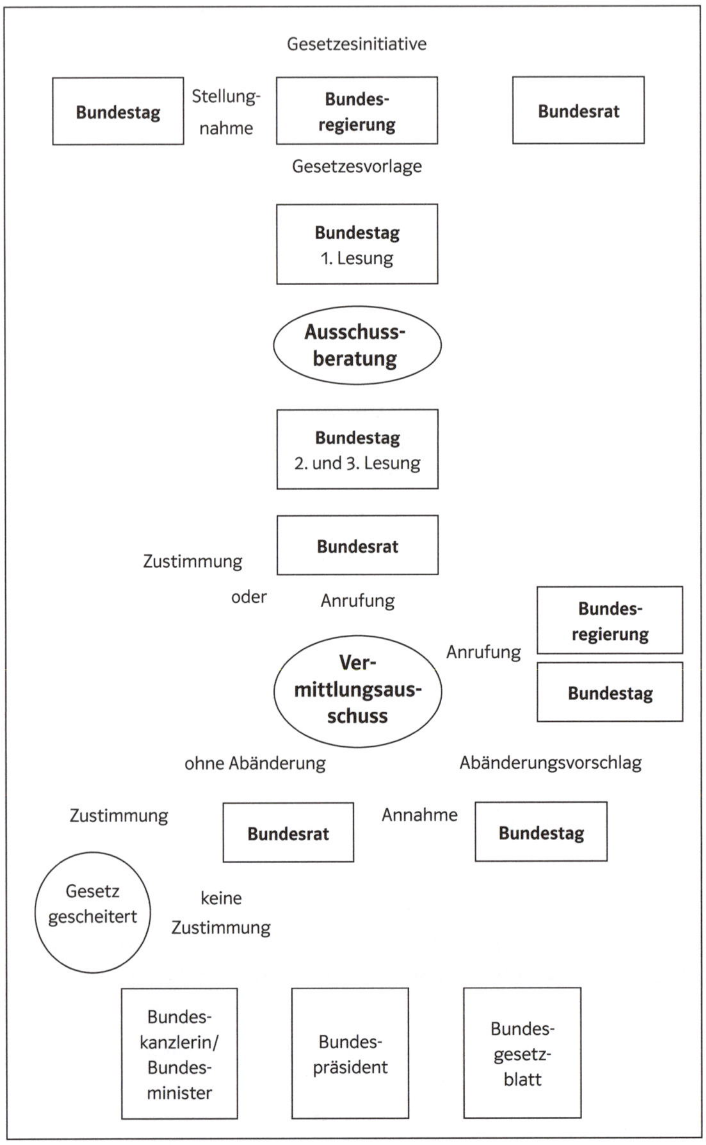

Autor: Thomas Schwörer
4 Politische Strukturen
Kopiervorlagen Politik
ISBN: 978-3-12-800488-4

Name Klasse Datum

Bundeskanzlerin und Bundesregierung

Die begrenzte Macht der Exekutive

Deutschland hat ein parlamentarisches Regierungssystem mit einem schwachen Präsidenten und einer starken Kanzlerin. Im Zentrum dieses Systems steht das Zusammenspiel von Opposition und Regierungspartei. Es wird geführt von einer nach der Verfassung starken Regierungschefin, der Bundeskanzlerin. Mit der Wahl der Bundeskanzlerin durch das Parlament beginnt gleichzeitig die Bildung der Bundesregierung. Die Kanzlerin stellt sich ihr Kabinett zusammen und gestaltet – gemeinsam mit ihren Bundesministern – die Politik des Landes nach ihren Richtlinien.

Die Bundeskanzlerin verfügt über folgende Machtmittel:
- Sie legt den Zuschnitt der Bundesregierung in Ministerien und die Aufgabenbereiche der Minister fest.
- Sie wählt die Bundesminister aus.
- Sie verfügt über die Richtlinienkompetenz.
- Sie verfügt gemeinsam mit dem Finanzminister über ein Vetorecht gegen Beschlüsse des Parlaments, die die im Haushaltsplan vorgesehenen Ausgaben erhöhen oder Einnahmen vermindern sollen.
- Im Verteidigungsfall geht die Befehls- und Kommandogewalt über die Bundeswehr auf die Kanzlerin über.

A1 Wie arbeiten Kanzlerin und Kabinett in der Bundesregierung zusammen?

a) Erläutern Sie den Begriff „Richtlinienkompetenz".

b) Charakterisieren Sie die drei unterschiedlichen Regierungsstile im Hinblick auf die Zusammenarbeit.

Kanzlerprinzip:

Ressortprinzip:

Kollegialprinzip:

c) Was macht die Bundeskanzlerin zur „starken Frau" im politischen System der Bundesrepublik? Schätzen Sie ihre Stellung ein – auch im Vergleich zum Bundespräsidenten.

Autor: Thomas Schwörer

ISBN: 978-3-12-800488-4

Name Klasse Datum

A2 Wie funktioniert ein Kanzlersturz? Das Grundgesetz stärkt die Position der Kanzlerin gegenüber dem Parlament, was insbesondere die Regeln für einen Kanzlerwechsel zeigen: Ein Kanzlersturz kann nur durch Wahl eines neuen Kanzlers erfolgen, der mit absoluter Mehrheit vom Parlament gewählt werden muss („konstruktives Misstrauensvotum").
Geraten Bundesregierung und Bundestag in einen schweren Konflikt, sieht das Grundgesetz zwei Lösungswege vor. Skizzieren Sie beide Wege mit verschiedenen Pfeilen, die Sie beschriften.

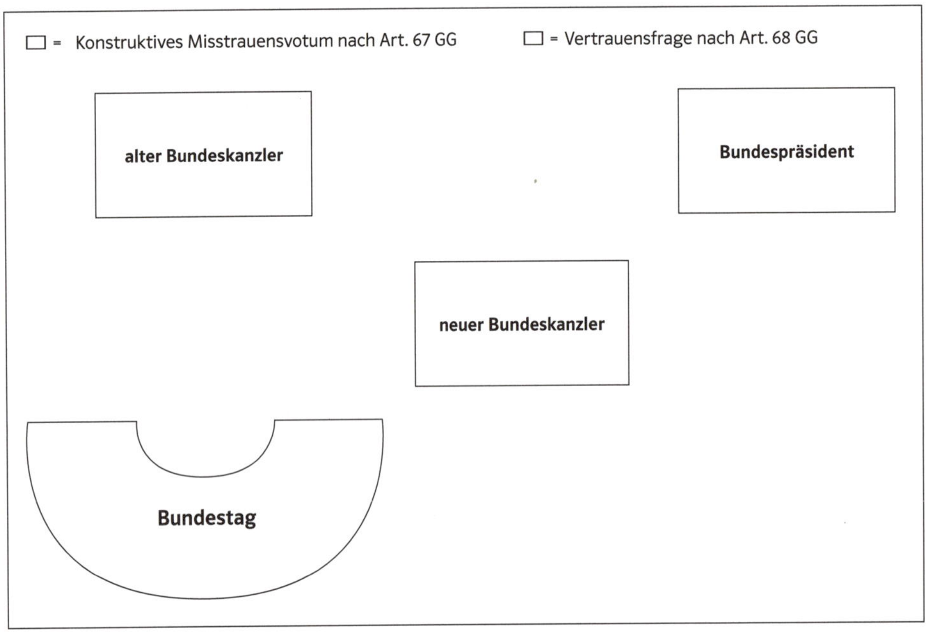

M1 Wege des Grundgesetzes

A3 Wie sieht die politische Wirklichkeit aus? Zweimal kam es in der Geschichte der Bundesrepublik bisher zu einem konstruktiven Misstrauensvotum gegen den amtierenden Kanzler, fünfmal stellten Kanzler die Vertrauensfrage. Was geschah? Recherchieren Sie arbeitsteilig (z. B. unter www.bundestag.de), notieren Sie sich Stichworte, tragen Sie die Abläufe in Ihrer Skizze ein und berichten Sie.

Autor:
Thomas Schwörer
4 Politische Strukturen
Kopiervorlagen Politik
ISBN: 978-3-12-800488-4

Name Klasse Datum

Der Bundespräsident

An der Spitze der Exekutive in Deutschland stehen die Bundeskanzlerin als Regierungschefin und der Bundespräsident als Staatsoberhaupt. In anderen Ländern – z. B. mit einer Präsidialdemokratie wie in den USA – ist der Präsident zugleich Regierungschef und Staatsoberhaupt. Anders in Deutschland. Nach den Erfahrungen der Weimarer Republik stattete das Grundgesetz den Bundespräsidenten mit erheblich geringerer politischer Macht aus, als sie der Reichspräsident hatte. Im Unterschied zum Reichspräsidenten der Weimarer Republik wird der Bundespräsident nicht vom Volk gewählt, sondern von der Bundesversammlung. Diese besteht aus den Bundestagsabgeordneten und einer gleichen Anzahl von Vertretern der Landtage. Im Wesentlichen ist der Bundespräsident der oberste Repräsentant und eine Art „Staatsnotar" der Bundesrepublik, der die Gesetze ausfertigt.

A1 Der Bundespräsident wird nicht vom Volk gewählt, sondern von der Bundesversammlung. Erklären Sie die politischen Absichten, die hinter dieser Regelung stecken:

- im Blick auf die Machtverteilung zwischen Bund und Ländern: ______

______

______

- im Blick auf plebiszitäre Bestrebungen: ______

______

______

A2 Der Handlungsspielraum des Bundespräsidenten ist gering, aber er hat vielfältige Aufgaben im Zusammenspiel der politischen Kräfte. Vervollständigen Sie den Lückentext.

Der Bundespräsident

- vertritt als ______ die Bundesrepublik im Inneren und nach außen.
- schlägt dem ______ einen Kandidaten zur Wahl des Bundeskanzlers vor.
- unterzeichnet ______ und Verträge, bevor sie in Kraft treten können.
- kann auf Vorschlag des ______ den Bundestag auflösen.

A3 Mehr Macht für den „schwachen Mann" an der Spitze? Begründen Sie Ihre Meinung. Gehen Sie dabei auch auf die Konstellation in einer Präsidialdemokratie ein.

______

______

______

______

______

Autor: Thomas Schwörer
4 Politische Strukturen
Kopiervorlagen Politik
ISBN: 978-3-12-800488-4

Name Klasse Datum

Recherche/Linktipp
Föderalismus
h5xx2v

Föderalismus – schwerfällig oder innovativ?

A1 Wer macht was? Bund, Länder und Kommunen haben unterschiedliche Aufgaben. Informieren Sie sich über die Kompetenzverteilung. Machen Sie Ihr Kreuz an der richtigen Stelle.

Fallbeispiele	Bund	Land	Kommune
1. Die Polizei benötigt neue Motorräder.	☐	☐	☐
2. Neue Personalausweise sollen ausgestellt werden.	☐	☐	☐
3. Ein neuer Kindergarten soll gebaut werden.	☐	☐	☐
4. Die Bundeswehr benötigt neue Lazarettflugzeuge.	☐	☐	☐
5. Der Mindestlohn soll für alle Branchen eingeführt werden.	☐	☐	☐
6. Ein Unternehmen benötigt eine Baugenehmigung.	☐	☐	☐
7. Zwischen Kassel und Halle wird eine Autobahn gebaut.	☐	☐	☐
8. Die Deutsch-Dänische Universität entsteht in Schleswig.	☐	☐	☐
9. Eine neue Strafvollzugsanstalt wird in Dresden gebaut.	☐	☐	☐

A2 Woher stammt das Geld? Informieren Sie sich über die Steuereinnahmen von Bund, Ländern und Kommunen und ordnen Sie ihnen die folgenden Steuerarten zu: *Mineralölsteuer, Hundesteuer, Grundsteuer, Gewerbesteuer, Kraftfahrzeugsteuer, Biersteuer, Tabaksteuer, Umsatzsteuer, Stromsteuer, Lohn- und Einkommenssteuer, Körperschaftssteuer, Hundesteuer – manche Steuern kommen anteilig Bund, Ländern und Kommunen zugute.*

Ebene	Steuerarten
Bundesebene	
Landesebene	
Kommunale Ebene	

A3 Umstrittener Föderalismus! Erstellen Sie eine Pro-/Kontra-Tabelle mit den wesentlichen Argumenten zur Föderalismusdiskussion.

pro Föderalismus	kontra Föderalismus

Autor:
Andrej Keller

4 Politische Strukturen
Kopiervorlagen Politik
ISBN: 978-3-12-800488-4

Name Klasse Datum

Wahlen zum Deutschen Bundestag

Grundwissen Wahlen

A1 Unterscheiden Sie zwischen aktivem und passivem Wahlrecht.

A2 Nennen und erklären Sie kurz die fünf Wahlgrundsätze, nach denen in Deutschland gewählt wird.

A3 Erläutern Sie in Grundzügen das Verhältnis- und das Mehrheitswahlsystem.

A4 Stellen Sie Vor- und Nachteile der beiden Wahlsysteme einander gegenüber.

Mehrheitswahl	Verhältniswahl
+	+
–	–

Autor:
Thomas Schwörer

ISBN: 978-3-12-800488-4

Name Klasse Datum

A5 Prüfen Sie an einem Rechenbeispiel, wie unterschiedlich sich die beiden Wahlsysteme auf die Sitzverteilung in einem Parlament auswirken können:

Wahlkreis	abgegebene Stimmen	entfallen auf Partei:				Wahlkreissieger
		A	B	C	D	
1	50	7	13	24	6	
2	50	13	21	12	4	
3	50	21	17	4	8	
4	50	18	15	11	6	
5	50	22	20	3	5	
6	50	8	31	4	7	
7	50	28	6	10	6	
8	50	26	3	18	3	
9	50	19	18	11	2	
10	50	38	6	3	3	

Relative Mehrheitswahl: ermittelt werden die Wahlkreissieger.

Partei	abgegebene Stimmen	Stimmenanteil in Prozent
A	200	
B	150	
C	100	
D	50	

Verhältniswahl: ermittelt werden die Anteile der abgegebenen Stimmen.

Ein Parlament mit zehn Sitzen soll gewählt werden. Die Parteien A, B, C und D stellen sich zur Wahl, insgesamt werden 500 Stimmen abgegeben. Schauen Sie sich das Wahlergebnis an und errechnen Sie die Sitzverteilung jeweils einmal nach dem Mehrheits- und nach dem Verhältniswahlrecht. Was fällt auf?

A6 Der Deutsche Bundestag wird nach den Regeln der personalisierten Verhältniswahl zusammengesetzt – allerdings mit einigen Besonderheiten. Erläutern Sie diese personalisierte Verhältniswahl.

Autor:
Thomas Schwörer
5 Mitwirkung und Repräsentation
Kopiervorlagen Politik
ISBN: 978-3-12-800488-4

Parteien und ihre Programme

A1 Parteien als „Sprachrohr des Volkes"? Nennen Sie vier wichtige Aufgaben von Parteien in der Demokratie.

A2 Parteien als Programm-Macher? Ermitteln Sie die Vorstellungen der Parteien zum Thema (berufliche) Bildung oder zu einem anderen Thema, das Sie interessiert. Im Internet – z. B. auf den Seiten der Bundeszentrale für politische Bildung – findet man Hilfestellungen, um Partei- und/oder Wahlprogramme zu vergleichen. →

	Thema:
Union:	
SPD:	
Bündnis 90/Die Grünen:	
Die Linke:	

A3 Parteien als Chance, politisch mitzumischen?

a) Zählen Sie auf, welche Möglichkeiten die Mitgliedschaft in einer Partei bietet.

b) Können Sie sich vorstellen, Mitglied in einer Partei zu werden? Begründen Sie.

c) Hätten Sie Ideen für die Gründung einer neuen Partei? Notieren Sie einige hier und diskutieren Sie sie in Ihrer Klasse.

Autor:
Thomas Schwörer

ISBN: 978-3-12-800488-4

Name Klasse Datum

Wahlkampf – alles wahr?

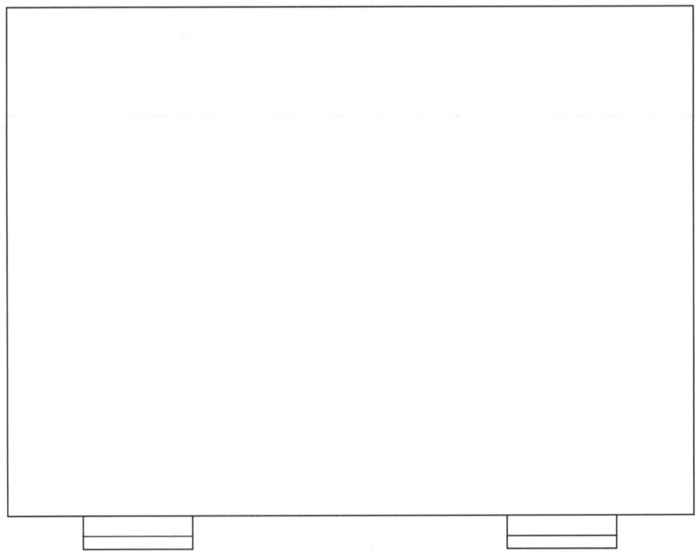

A4 Parteien im Wahlkampf

a) Wozu dienen Wahlkämpfe? Nennen Sie zwei wichtige Funktionen.

____

____

b) Mit welchen Aussagen aus ihren aktuellen Partei- bzw. Wahlprogrammen würden Sie den Parteien raten, in den Wahlkampf zu ziehen? Entwerfen Sie entsprechende Slogans und/oder gestalten Sie ganze Wahlplakate.

c) Wie würden Sie selbst für Ihre neue Partei werben? Entwerfen Sie zu zweit Ihre Wahlkampfstrategie und zwei passende Plakate.

Autor:
Thomas Schwörer

ISBN: 978-3-12-800488-4

Name Klasse Datum

Abgeordnete unter Druck

Die Vertreter des Volkes

Alle vier Jahre werden die Wähler aufgerufen, den Deutschen Bundestag neu zusammenzusetzen. Die gewählten **Abgeordneten** vertreten das Volk, sie sind Gesetzgeber und sie wählen den Bundeskanzler. Weil Regierung und Opposition in modernen Demokratien von Parteien gestellt werden, prägt der Parteienwettbewerb ihre Arbeit und die Entscheidungsprozesse im Parlament. Als Vertreter des Volkes sind sie ihren Wählern und ihrem Gewissen verpflichtet, als Mandatsträger ihrer Partei, zugleich aber auch der Parteilinie. Abstimmungsprozeduren im Bundestag sind nicht alltäglich, der Arbeitsalltag eines Abgeordneten spielt sich vielmehr in einem der mehr als 20 Ausschüsse des Parlaments ab.

A1 Unter Erwartungsdruck? Welchen Erwartungen müssen Abgeordnete gerecht werden? Tragen Sie die wichtigsten hier ein:

Partei		**Interessengruppen/Verbände**
	↘ ↙	
Bürger bzw. Wähler	**Abgeordnete**	**Öffentlichkeit**
	↗ ↖	

A2 In Arbeitsteilung? Der Deutsche Bundestag ist ein „Arbeitsparlament" – im Unterschied zu einem klassischen „Redeparlament". Erklären Sie mithilfe dieser Begriffe, wie und wo sich der wichtigste Teil der Arbeit eines Abgeordneten abspielt.

____

____

____

____

A3 Unter Fraktionszwang? In den Parteien des Deutschen Bundestags herrscht „Fraktionsdisziplin". Erklären Sie, was das für einen Abgeordneten bedeutet.

____

____

____

____

Autor:
Thomas Schwörer

ISBN: 978-3-12-800488-4

Name Klasse Datum

Umfrage: Abgeordnete fühlen sich machtlos

Sie sind als Volksvertreter in Bundestag, Landtage oder Stadtparlamente gewählt, um das Land mitzugestalten und Entscheidungen zu treffen. Doch Umfragen zufolge fühlen sich die meisten Abgeordneten machtlos und sehen vor allem die Bürger als Motor für gesellschaftliche Veränderungen. „Wir können nicht wirklich viel bewegen", hört man immer wieder.

A4 Wirklich machtlos?

a) Nehmen Sie Stellung zu den Umfrageergebnissen (s. o.).
Welche Gründe vermuten Sie hinter dem Gefühl der Machtlosigkeit?

b) Interpretieren Sie die Karikatur mithilfe Ihrer Arbeitsergebnisse.

M1 Interessenvertretung im Parlament

TRANSPARENZ

Dieter Hanitzsch, General-Anzeiger (Bonn)

Autor: Thomas Schwörer
5 Mitwirkung und Repräsentation
Kopiervorlagen Politik
ISBN: 978-3-12-800488-4

Name Klasse Datum

Massenmedien – unentbehrlich für die Demokratie?

Die heutigen Massenmedien arbeiten im politischen Prozess zwischen dem Staat auf der einen und seinen Bürgern auf der anderen Seite. Sie vermitteln zwischen beiden. Politische Entscheidungen werden „von oben nach unten" verständlich gemacht, politische Interessen und Meinungen „von unten nach oben" mitgeteilt und diskutiert.
Für eine Demokratie ist dieser Kommunikationsfluss von großer Bedeutung. Funktioniert er nicht, fühlen sich die Bürger vor Ort von den Politikern in ihren Ämtern nicht mehr gut vertreten und verweigern ihnen schließlich die Zustimmung zu ihren Entscheidungen.
Laut Grundgesetz (Art. 5) sollen die Medien zu Meinungsbildung und Meinungsvielfalt in der Gesellschaft beitragen. Für diese wichtige Aufgabe können sie sich auf das Recht der Pressefreiheit berufen und vollkommen frei berichten, worüber und wie sie es wollen.

A1 Wir leben mit Medien

a) Wie viele Minuten nutzen Sie täglich die folgenden Medien? Führen Sie ein bis zwei Wochen lang Buch darüber. Notieren Sie Ihre Ergebnisse hier.

- Zeitungen: ______________________
- Internet: ______________________
- Hörfunk: ______________________
- Fernsehen: ______________________

☐ Diese Medien nutze ich auch für politische Information.

☐ Dieses Medium halte ich für besonders glaubwürdig.

Nutzen Sie farbige Markierungen.

M1 Mediennutzung

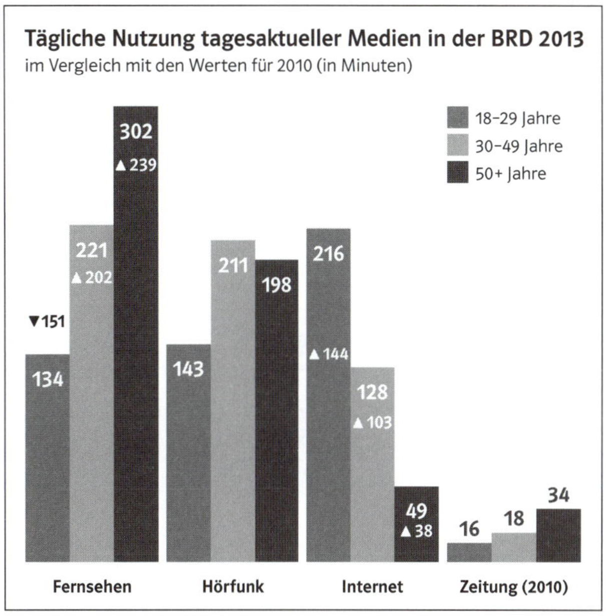

Quelle: ARD/ZDF Langzeitstudie Massenkommunikation 2010, ARD/ZDF-Onlinestudie 2013, ma2013/I

b) Vergleichen Sie Ihre Angaben mit denen der Grafik. Liegen Sie im Durchschnitt?

____

____

____

c) Versuchen Sie, sich Ihr Leben ohne Medien vorzustellen, und beschreiben Sie einen möglichen Tagesablauf.

____

____

____

____

Name Klasse Datum

A2 Medien stehen unter Konkurrenzdruck ...

a) Wer oder was hat erfolgreich Ihr Interesse geweckt?
Notieren Sie hier – während Sie Ihr Medientagebuch führen –, auf welche Nachrichten oder Bilder Sie besonders aufmerksam wurden. Stellen Sie das Ergebnis Ihrer Klasse vor.

b) Von welchem Nutzen sind diese Informationen und Bilder für Sie? Diskutieren Sie diese Frage an einigen Beispielen.

A3 ... auch Politiker stehen unter Konkurrenzdruck.

Beschreiben Sie, welche Gefahren bestehen, wenn sich Medien und Politiker zu eng zusammentun:

- für die Medien selbst:

- für die Mediennnutzer:

- für die Politiker:

Autor:
Thomas Schwörer

ISBN: 978-3-12-800488-4

Recherche/Linktipp
WikiLeaks
ek52cf

Netz-Projekte

A1 Was wissen Sie über das Projekt „WikiLeaks" (M1)? Recherchieren Sie und tauschen Sie Ihre Informationen untereinander aus.

M1 Logo von WikiLeaks

A2 Was halten Sie von dem Projekt? Stellen Sie Pro- und Kontra-Argumente einander gegenüber und ziehen Sie ein persönliches Fazit.

Pro	**Kontra**
Mein persönliches Fazit:	

Autor:
Thomas Schwörer

ISBN: 978-3-12-800488-4

Bürgerinitiativen

In einer repräsentativen Demokratie werden unmittelbare politische Entscheidungen durch gewählte Abgeordnete in Parlamenten getroffen. Dennoch gibt es auch hier Möglichkeiten für Bürgerinnen und Bürger, neben der Ausübung ihres Wahlrechts direkt mitzubestimmen. Ausgangspunkt dafür sind häufig Bürgerinitiativen (BI) als lockere und zeitlich begrenzte Zusammenschlüsse - meist ausgehend von einem konkreten Anlass - zur Erreichung oder Verhinderung bestimmter Ziele, Maßnahmen, Entwicklungen. Dazu üben sie Druck auf die politischen Entscheidungsträger aus, tragen ihr Anliegen in die Öffentlichkeit und versuchen diese zu mobilisieren oder führen gerichtliche Prozesse.

A1 Bürgerinitiativen - einflussreich? Fassen Sie die mit der Gründung einer BI einhergehenden Möglichkeiten und Grenzen einer politischen Einflussnahme zusammen.

____

____

____

____

M1 Demonstration gegen „Stuttgart 21"

Picture-Alliance (dpa/Uwe Anspach), Frankfurt

A2 Bürgerinitiativen - ein Begriff, viele Gesichter. Das Bild (M1) verweist auf eine BI, die bundesweit für Aufmerksamkeit sorgte: das „Aktionsbündnis gegen Stuttgart 21". Informieren Sie sich im Internet über die Ziele, die Mittel und die öffentliche Resonanz der BI. Recherchieren Sie weitere Bürgerinitiativen bundesweit oder in Ihrer Heimatregion. Stellen Sie Vergleiche an und diskutieren Sie die jeweiligen Anliegen in der Klasse. →

A3 Bürgerinitiativen - wichtig oder gefährlich? Sammeln Sie ausgehend von den Beispielen (Rechercheergebnis aus Aufgabe 2) verschiedene Argumente zu den Chancen und Risiken von BI. Diskutieren Sie in Ihrer Klasse, unter welchen Bedingungen Sie sich einer BI anschließen würden. →

Autor:
Christopher Hempel

5 Mitwirkung und Repräsentation
Kopiervorlagen Politik
ISBN: 978-3-12-800488-4

Recherche/Linktipp
„Stuttgart 21"
682c2q

Volksbegehren und Volksentscheid

In einigen Landesverfassungen gibt es das bereits. Am Anfang steht eine Unterschriftensammlung, das Volksbegehren. Ist sie erfolgreich, wird abgestimmt. So ist in Bayern durch Volksentscheid ein konsequenter Nichtraucherschutz eingeführt worden. In Hamburg wurde eine Schulreform durch Volksabstimmung gekippt.
In Baden-Württemberg sieht die Verfassung eine Volksabstimmung in Streitfällen wie „Stuttgart 21" vor – allerdings unter hohen rechtlichen Hürden. Parteiübergreifend wird eine Verfassungsänderung für eine erleichterte Bürgerbeteiligung angeregt (Stand 8/2014).
Die Landesregierung war deshalb zunächst zu einem Schlichtungsverfahren zwischen Gegnern und Befürwortern bereit, das 1,5 Mio. Bürger im Fernsehen anschauten. Aber die Gegensätze zwischen den Standpunkten blieben unüberbrückbar. Schließlich kam es nach einem Regierungswechsel und dem Zustandekommen notwendiger Mehrheiten am 27.11.2011 zu einer Volksabstimmung über eine Gesetzvorlage der Regierung zu „S21".

A1 Bessere Politik durch mehr Beteiligung der Bürger?

a) Hat der Volksentscheid die Wogen im Fall „Stuttgart 21" geglättet? Informieren Sie sich.

b) Wer stimmte ab? Alle Bürger von Baden-Württemberg oder nur die Stuttgarter? Begründen Sie Ihre Entscheidung.

c) Lösen Volksbegehren und Volksentscheide eher Probleme oder schaffen sie neue? Wägen Sie ab mithilfe eines Beispiels.

d) Auf welchen politischen Ebenen sollten Volksbegehren und Volksentscheide eingeführt werden? Nur auf Gemeinde- und Länderebene oder auch im Bund? Begründen Sie.

Autor:
Thomas Schwörer

ISBN: 978-3-12-800488-4

Name Klasse Datum

A2 Bessere Politik durch bessere Repräsentation der Bürgerschaft? Interpretieren Sie die Karikatur.

a) Beschreiben Sie, was zu sehen und was zu lesen ist.

b) Arbeiten Sie die Kernaussage der Karikatur heraus.

M1 Repräsentative Demokratie

Klaus Stuttmann, Berlin

c) Notieren Sie zwei Fragen, die sich aus der Kernaussage für Sie ergeben.

A3 Chancen und Risiken von mehr bürgerschaftlicher Beteiligung. Politische Rechte bieten Chancen; sie können aber auch missbraucht werden. Nennen Sie Chancen und Möglichkeiten des Missbrauchs, wenn die Bevölkerung mehr Mitwirkungsrechte hat.

Chancen	Risiken

Autor:
Thomas Schwörer

5 Mitwirkung und Repräsentation
Kopiervorlagen Politik
ISBN: 978-3-12-800488-4

Name Klasse Datum

Gewerkschaften im Wandel

Gewerkschaften in Europa sind zumeist aus der Arbeiterbewegung des 19. Jahrhunderts hervorgegangen. Sie kämpften für höhere Löhne, bessere Arbeitsbedingungen, kürzere Arbeitszeiten und mehr Mitbestimmung im Betrieb.
Der Wandel der Arbeitswelt stellte sie vor neue Herausforderungen. Unter dem Druck der Globalisierung gerieten sie in die Defensive. Sie hielten sich bei Tarifverhandlungen jahrzehntelang zurück, um Arbeitsplätze nicht durch steigende Lohnkosten zu gefährden. Auch in der Wirtschaftskrise war man, um Entlassungen zu verhindern, zu tariflichen Zugeständnissen bereit.

A1 Wohin geht die Entwicklung und warum?

a) Notieren Sie drei auffällige Trends aus der Tabelle.

b) In Skandinavien verwalten die Gewerkschaften die Arbeitslosenkassen. Erläutern Sie, wie sich dies in den Mitgliedszahlen niederschlägt?

M1 Gewerkschaftlicher Organisationsgrad westlicher Länder

Land	1960	1980	2000
Schweden	70,7	78,2	81,9
Finnland	29,3	70,0	79,0
Dänemark	60,2	77,5	81,7
Belgien	40,7	56,6	58,0
Norwegen	51,6	54,1	54.3
Irland	43,8	55,3	38,5
Österreich	57,8	50,8	35,3
Italien	22,2	44,4	31,0
UK*	43,5	52,2	29,5
Deutschland	34,2	33,6	21,6
Japan*	32,2	30,3	21,5
Niederlande	41,0	32,4	22,3
USA*	28,9	21,1	13,5
Frankreich	19,2	17,1	9,0

Organisationsgrad in %: aktive Mitglieder (ohne Rentner) zu abhängig Beschäftigte zzgl. Arbeitslose; Länder mit *: Mitglieder zu abhängig Beschäftigte.
Stichwort Gewerkschaft, in: http://de.wikipedia.org (Zugriff am 12.02.2011)

c) In den aufgeführten Ländern haben Tarifverträge sehr unterschiedliche Bedeutung. Stellen Sie begründete Überlegungen an, wie das Verhältnis zwischen gewerkschaftlichem Organisationsgrad und tariflicher Bindung ist.

d) Welche Gründe vermuten Sie für die Entwicklung in Deutschland?

Autor:
Thomas Schwörer

ISBN: 978-3-12-800488-4

Name Klasse Datum

Recherche/Linktipp
Betriebsrat
d5sz84

Betriebsrat – Interessenvertretung der Beschäftigten

A1 Wozu gibt es Betriebsräte?

a) Recherchieren Sie nach Themen und Tätigkeiten des Betriebsrates. Fertigen Sie einen möglichst vollständigen Überblick an.

wichtige Themen und Tätigkeiten des Betriebsrats

b) Beschreiben Sie die Bedeutung des Betriebsrates aus Ihrer persönlichen Sicht. Mit welchen Problemen würden Sie selbst sich an diese Vertretung wenden?

Autor:
Thomas Schwörer

5 Mitwirkung und Repräsentation
Kopiervorlagen Politik
ISBN: 978-3-12-800488-4

Politikverdrossenheit

Mit dem Schlagwort „Politikverdrossenheit“ wird die Kluft zwischen der Bevölkerung und dem politischen System und ihren Akteuren zum Ausdruck gebracht, die sich unter anderem in geringer Wahlbeteiligung, sinkenden Mitgliederzahlen der Parteien und einem von Vorurteilen geprägten Politikerimage zeigt: In aktuellen Umfragen des Instituts für Demoskopie Allensbach zu Merkmalen, die einen Politiker auszeichnen, erhielten die Aussagen „Sagt vor allem, was andere hören wollen“ (63 %) und „Ist vor allem auf den eigenen Vorteil bedacht“ (58 %) die höchsten Zustimmungswerte und bestätigen damit scheinbar das geflügelte Wort, dass „die Politik den Charakter verderbe“ (Eugen Sierke). Andererseits können der Aussage, dass es nichts bringe, sich politisch zu engagieren, „nur“ weniger als die Hälfte der Befragten zustimmen.

A1 Politikverdrossenheit: Ausdrucksformen. Vervollständigen Sie die Aussagen der Personen in der Karikatur. Besprechen Sie miteinander, wie sich Politikverdrossenheit im Alltag zeigt.

M1 Zwei Sichtweisen

Mester, Gerhard, Wiesbaden

A2 Politikverdrossenheit: Ursachen und Handlungsmöglichkeiten. Benennen Sie Ursachen von Politikverdrossenheit und überlegen Sie, wie sich die Distanz zwischen Bevölkerung und etablierter Politik verringern könnte.

mögliche Ursachen	Handlungsmöglichkeiten

A3 Politikverdrossene Jugend oder jugendverdrossene Politik? Besonders „die Jugend“ wird in den Medien immer wieder als politikverdrossen dargestellt. Bereiten Sie ein Streitgespräch zu der Frage vor, ob die Jugend politikverdrossen oder die Politik „jugendverdrossen“ ist. Führen Sie das Streitgespräch in Ihrer Klasse durch. →

Name Klasse Datum

Wehrhafte Demokratie

M1 Straftatenaufkommen im Bereich politisch motivierter Kriminalität (PMK)

„Das Straftatenaufkommen hat sich in den einzelnen Phänomenbereichen der politisch motivierten Kriminalität im Jahr 2013 wie folgt entwickelt:

Straftaten	2013	2012	Veränderung
PMK-rechts	17.042	17.616	-3,3%
PMK-links	8.673	6.191	+40,1%
PM-Ausländerkriminalität	874	868	+0,7%

Die weitaus am häufigsten verwirklichten Straftaten (41,4%) sind Propagandadelikte. Im Bereich PMK-rechts machen sie sogar mehr als zwei Drittel aller Straftaten aus (68,5%). Sachbeschädigungen liegen mit einem Anteil von 20,8% an zweiter Stelle aller PMK-Straftaten. Im Bereich PMK-links sind Sachbeschädigungen die am häufigsten gezählten Delikte mit 42,2%."

Zit. nach: http://www.bmi.bund.de/SharedDocs/Pressemitteilungen/DE/2014/04/politischmotiviertekriminalitaet-2013.html (Zugriff 14.05.2014).

A1 Formen von politischem Extremismus. Beschreiben Sie anhand der Informationen des Innenministeriums (M1) die Träger, die Formen und das Ausmaß politisch motivierter Kriminalität. Diskutieren Sie die Möglichkeiten und Grenzen, anhand einer solchen Statistik über „Extremismus" zu sprechen.

M2 Rechtsextreme Einstellungen in Deutschland

„Der Sockel der rechtsextremen Einstellung ist in Deutschland nach wie vor hoch. [...] Knapp 16% der Ostdeutschen haben ein geschlossenes rechtsextremes Weltbild. Das ist der höchste in den ‚Mitte-Studien' bisher gemessene Wert, und die gegenwärtige Tendenz ist steigend. [...] Die Strukturprobleme in Ostdeutschland, die auch 20 Jahre nach der Wende nicht adäquat adressiert sind, schlagen sich hier nieder, wie auch das Gefühl einer Generation, nicht gebraucht zu werden. [Jedoch] sind es bei näherer Betrachtung nicht die Differenzen zwischen ostdeutschen und westdeutschen Bundesländern, die auffallen. Vielmehr scheinen die sozioökonomischen Strukturmerkmale der Bundesländer entscheidend zu sein. [...] Die von uns gemessene Ausländerfeindlichkeit ist zudem nicht etwa da besonders hoch, wo sich unterschiedliche Bevölkerungsgruppen täglich begegnen, sondern dort, wo kaum Migrantinnen und Migranten wohnen."

Zit. nach: Oliver Decker u.a. (2012): Die Mitte im Umbruch. Rechtsextremistische Einstellungen in Deutschland 2012. Bonn, S. 144f.

A2 Ursachen für politischen Extremismus. Arbeiten Sie die Ursachen für (rechts-) extreme Einstellungen heraus, die die Autoren (M2) ansprechen. Beurteilen Sie, ob Extremismus die (fehlgeleitete) Einstellung einer kleinen Minderheit ist.

Autor: Christopher Hempel

Kopiervorlagen Politik
ISBN: 978-3-12-800488-4

Name Klasse Datum

A3 Abwehr von politischem Extremismus. Erläutern Sie den Begriff „Wehrhafte Demokratie“ und benennen Sie mögliche Maßnahmen, die zur Abwehr von politischem Extremismus zur Verfügung stehen. Worin besteht das Dilemma?

M3 Parteienverbot?

Eine – umstrittene – Maßnahme einer wehrhaften Demokratie ist das Verbot extremistischer Parteien, wie es seit einigen Jahren im Bezug auf die NPD diskutiert wird.

„Erkennbar wird eine Partei, deren Wesen einzig die Ablehnung der Grundpfeiler unserer Verfassung ist. [...] Und, wo sie kann, deren Bekämpfung. Das ist der Grund, warum der Antrag nicht daran scheitern darf, dass die Ein-Prozent-Partei politisch am Boden liegt. [...] Eine Partei ist ja kein Taubenzüchterverein, sondern ein vom Grundgesetz mit Privilegien (und Geld) ausgestatteter politischer Zusammenschluss. Diesen Status hat niemand verdient, der die Rückkehr zum Untermenschentum propagiert.“

Zit. nach: Wolfgang Janisch, in: Süddeutsche Zeitung vom 03.12.2013.

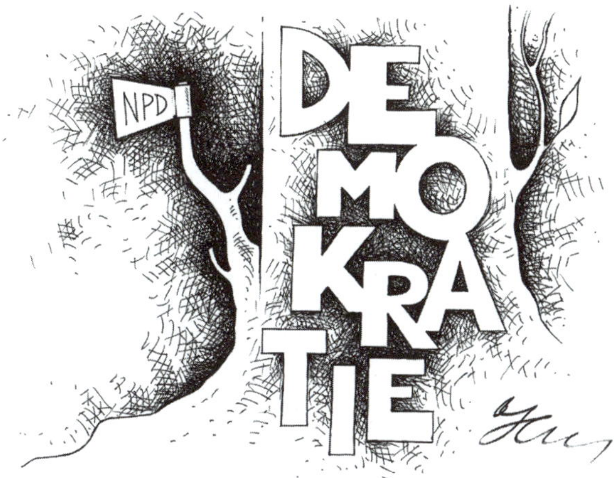

Christian Indus, Deutscher Preis für die Politische Karikatur 2007 der Akademie für Kommunikation

A4 NPD-Verbot? Fassen Sie die Positionen, die in dem Kommentar bzw. der Karikatur zum Ausdruck kommen, in jeweils einer These zusammen.

A5 Pro und kontra NPD-Verbot. Stellen Sie Argumente, die für und gegen ein Verbot der NPD sprechen, gegenüber und diskutieren Sie anschließend in der Klasse.

pro NPD-Verbot	kontra NPD-Verbot

Autor:
Christopher Hempel

ISBN: 978-3-12-800488-4

Nachhaltig wirtschaften

M1 Carrotmob

„Die Meute rückt an, als die Abenddämmerung einsetzt, sie drängt in den Berliner Blumenladen ‚Floristik Männertreu' und will nur eins: kaufen. Knapp 200 Menschen fallen wie ein Heuschreckenschwarm ein. […]

Das gemeinsame Ziel wurde der Horde vorher zugeschickt, per SMS und Twitter, über Blogs und Facebook: Beschert dem Geschäft einen Umsatz, wie es ihn noch nie zuvor gesehen hat, hieß die Mission. […] Der Schwarm in Prenzlauer Berg nennt sich Carrotmob und […] will an einem konkreten Ort den Klimaschutz verbessern. […] Wir kaufen massenhaft bei dir ein, so die Botschaft, wenn du mit den zusätzlichen Einnahmen deinen Laden klimafreundlich umbaust.

Am Anfang stand eine Art Auktion zwischen 14 Blumenläden im Prenzlauer Berg. Das Geschäft, das bereit war, den höchsten Anteil seines Tagesumsatzes in mehr Energieeffizienz zu investieren, bekomme Besuch vom Carrotmob, lautet das Versprechen. ‚Floristik Männertreu' gab das höchste Gebot von allen ab: 56 % des Gewinns will der Laden in mehr Klimaschutz stecken. Und so steht an diesem Tag die Meute vor der Tür.

Tobias Döppe […] Initiator des Carrotmobs in Berlin […] und seine Mitstreiter wollen sich das Gewinnstreben von Unternehmern für ihr Ziele zunutze machen: Mehr Bereitschaft zu Klimaschutz heißt mehr Scheine in der Ladenkasse, so ihre Gleichung. […] Bald nach der Aktion soll ein Teil der fünf Kühlschränke im Nebenraum durch energieeffizientere ersetzt und bessere Lampen eingeschraubt werden. Außerdem will der Laden auf Ökostrom umstellen. Tobias Döppe wird beim Umbau helfen. Auch um zu kontrollieren, dass sich etwas verändert im Blumenladen."

Zit. nach: Alina Fichter: Die neuen Blumenkinder. In: DIE ZEIT Nr. 8 v. 18.02.2010. Unter: http://www.zeit.de/2010/08/Carrot-Mob (Stand 23.03.2011). © DIE ZEIT.

Ursprünglich stammt die Idee der „Karottenbewegung" aus den USA. Der Jungunternehmer Brent Schulkin zettelte den ersten Carrotmob in San Francisco an. Inzwischen gibt es die Aktion in vielen Ländern.

A1 Was ist das Besondere an der Carrotmob-Idee? Erläutern Sie, worin sich dieses Kaufverhalten z. B. vom wöchentlichen Einkauf im Bio-Laden unterscheidet.

A2 Was ist ein europäisches Öko-Audit-Zertifikat? Recherchieren Sie im Internet und halten Sie Ihre Ergebnisse auf einem Stichwortzettel fest. →

A3 Passen beide Aktivitäten für mehr innerbetrieblichen Umweltschutz zusammen? Vergleichen Sie die Grundideen, die Akteure und Erfolgschancen.

	Aktion Carrotmob	Öko-Audit-Verfahren
Was ist die Grundidee?		
Wer sind die Akteure?		
Wie schätzen Sie die Erfolgschancen ein?		

Autor: Thomas Schwörer

6 Nachhaltig wirtschaften …
Kopiervorlagen Politik
ISBN: 978-3-12-800488-4

Name Klasse Datum

Weniger Auto fahren

Umweltzonen

Die Entwicklung im Überblick

Nach Angaben der Weltgesundheitsorganisation (WHO) kommt es jährlich weltweit zu mindestens 370 000 vorzeitigen Todesfällen, die auf eine **hohe Feinstaubbelastung** zurückzuführen sind.

Seit 1999 schreibt eine **EU-Luftqualitätsrichtlinie** die Senkung der Feinstaubbelastung in Europa vor.

Seit 2008 ermöglicht eine deutsche **Feinstaubverordnung** Städten und Kommunen, zur Einhaltung der Luftgrenzwerte in Ballungsräumen **Umweltzonen** einzurichten.

Alle Kraftfahrzeuge werden bestimmten **Schadstoffgruppen** zugeordnet (1–4). Für verschiedene Feinstaubgruppen werden verschiedenfarbige Plaketten vergeben.

Diese **Umweltplakette** muss gut sichtbar hinter der Windschutzscheibe befestigt werden.

Die Städte erarbeiten einen Stufenplan zur **Verhängung von Fahrverboten**:

Bei steigender Feinstaubbelastung kann auf der ersten Stufe ein Fahrverbot für Fahrzeuge der Schadstoffgruppe 1 (keine Plakette) verhängt werden, auf der zweiten Stufe ein Fahrverbot auch für Fahrzeuge der Schadstoffgruppe 2 (rote Plakette) und schließlich auf der dritten Stufe auch für Fahrzeuge der Schadstoffgruppe 3 (gelbe Plakette). Fahren dürfen dann nur noch Fahrzeuge der Schadstoffgruppe 4 mit grüner Plakette.

Viele deutsche Städte wie **Berlin, Leipzig, Köln, Stuttgart, Mannheim** haben inzwischen Umweltzonen eingerichtet.

A1 Was ist eine Umweltplakette? Warum und wozu wurde sie eingeführt? Welche gibt es? Was regelt sie?
Lesen Sie den oben stehenden Text und nehmen Sie im Anschluss Stellung zu der Regelung.

M1 Umweltplakette

Fotolia.com (PhotographyByMK), New York

Autor: Thomas Schwörer

6 Nachhaltig wirtschaften …
Kopiervorlagen Politik
ISBN: 978-3-12-800488-4

Heftige Diskussionen

Die Einrichtung von Umweltzonen in deutschen Städten ist in der Öffentlichkeit stark umstritten. Hier eine Auswahl von Argumenten der Fürsprecher und Gegner:

a) Die Europäische Kommission argumentiert, die aktuelle Feinstaubbelastung erhöhe die Sterblichkeitsrate in Europa.

b) Der Verein deutscher Ingenieure hat zusammen mit der Gesellschaft deutscher Chemiker ausgerechnet, dass die Senkung der Feinstaubbelastung um 10 $\mu g/m^3$ die statistische Lebenserwartung in Deutschland um 7–10 Monate erhöhen würde.

c) Der Sachverständigenrat für Umweltfragen der Bundesregierung verweist darauf, dass der Autoverkehr nach wie vor der Hauptverursacher für die Belastung mit Stickstoffdioxid und Feinstaub in den städtischen Ballungsgebieten ist.

d) Einzelhändlerinnen in den Innenstädten beklagen Umsatzrückgänge, besonders in grenznahen Regionen.

e) Autofahrer fühlen sich zur Kasse gebeten (die Plakette ist gebührenpflichtig) und in ihrem Aktionsradius eingeschränkt.

f) Umweltschützerinnen fürchten, dass Autofahrern mit grüner Plakette (mehr als 90%) nun das Signal vermittelt wird, ihr Verhalten sei umweltfreundlich. Die meisten Umweltzonen wären gut mit öffentlichen Verkehrsmitteln erreichbar und passierbar.

g) Autobesitzer kritisieren, es werde Druck ausgeübt, Altfahrzeuge durch neue zu ersetzen, was der Automobilindustrie neue Aufträge bringt und dem Bund Mehrwertsteuereinnahmen sichert.

h) Bewohnerinnen einer Umweltzone fühlen sich zur Nachrüstung ihres Autos oder zur Neuanschaffung gezwungen. Können sie dies nicht bezahlen, müssen sie ihr Auto stilllegen und fühlen sich „enteignet“.

A2 Warum wird der Staat aktiv? Ordnen Sie die Argumente im Streit um die Umweltzonen in der folgenden Tabelle.

Argumente, die die Interessen von einzelnen Bürgern und Gruppen stützen:	Argumente, die die Interessen der Allgemeinheit stützen:

Der Staat wird aktiv, weil ____________________

____

____

A3 In welchen deutschen Städten gibt es Umweltzonen? Verschaffen Sie sich einen Überblick über den aktuellen Stand. Wie sieht es in Ihrer eigenen Umgebung aus? Eine Liste und eine Karte mit bereits eingerichteten und mit geplanten Umweltzonen finden Sie auf der Seite des Bundesumweltministeriums im Internet.

Autor:
Thomas Schwörer

6 Nachhaltig wirtschaften ...
Kopiervorlagen Politik
ISBN: 978-3-12-800488-4

Name Klasse Datum

Essen mit Verantwortung

M1 Tiere essen oder was?

Der amerikanische Schriftsteller Jonathan Safran-Foer im Interview mit Peter Unfried (TAZ)

„**Peter Unfried:** Sie sind beim Schreiben von ‚Tiere essen' Vegetarier geworden. Verlangen Sie das auch von Ihren Mitmenschen, Herr Safran-Foer?

Jonathan Safran-Foer: Nein. Vegetarier zu werden, war für mich eine persönliche Entscheidung. Ich verstehe, wenn jemand sagt: Ich bin mit Fleisch aufgewachsen, ich koche selbst Fleischmahlzeiten für meine Kinder, und ich liebe Fleisch.

Peter Unfried: Das finden Sie okay?

Jonathan Safran-Foer: Ja. Was ich aber nicht verstehe, ist, wenn jemand sagt, er kann nicht künftig einmal weniger Fleisch in der Woche essen. Vielleicht ist das nämlich der richtige Weg: Eine Fleischmahlzeit weniger in der Woche.

Peter Unfried: Sie unterscheiden zwischen wichtigen und unwichtigen Mahlzeiten?

Jonathan Safran-Foer: Ja, der Truthahn an Thanksgiving oder bei Ihnen die Weihnachtsgans gehört zur Kultur und Tradition […] Ein opulentes Essen mit Freunden ist schön. Aber was wir nicht brauchen, sind schnell eingeworfene Fastfood Burger oder ein unaufmerksam gegessenes Salamibrötchen am Flughafen. Wenn man die Fleischmahlzeiten weglässt, die einem nicht wichtig sind und die nicht einmal gut schmecken, dann hätten wir schon eine radikale Veränderung der Welt.

Peter Unfried: Eine radikale Veränderung?

Jonathan Safran-Foer: Selbstverständlich. Wenn alle Amerikaner, sagen wir, donnerstags fleischlos zu Mittag essen, entspräche das dem Äquivalent von fünf Millionen Autos weniger auf der Straße. Wir missverstehen radikalen Wandel und denken, das bedeute, wir müssen uns komplett verändern: Entweder du isst Fleisch oder du isst kein Fleisch. Falsch. Ich spreche von einem radikalen kulturellen Wandel.

Peter Unfried: Selbst wenn alle fleischessenden Weltbürger einmal die Woche weniger Fleisch essen, wird das den Klimawandel nicht aufhalten können.

Jonathan Safran-Foer: Das stimmt […], aber die einzige Art, es hinzubekommen, ist, damit anzufangen."

Zit. nach: Tiere essen oder was? Peter Unfried im Interview mit Jonathan Safran-Foer. In: Die Tageszeitung (TAZ) v. 08./09.01.2011, S. 3.

A1 Global denken – lokal handeln! Weniger Fleisch essen, um weniger Treibhausgase zu erzeugen? Was halten Sie von diesem Vorschlag? Führen Sie den „fleischlosen Donnerstag" in Ihrer Klasse ein und notieren Sie regelmäßig Ihre Erfahrungen mit diesem Selbstversuch.

650 000 Liter Wasser und rund eine Tonne CO_2 spart ein Vegetarier jährlich ein.

A2 Was können wir noch tun? Nennen Sie drei Möglichkeiten, sich umweltbewusster zu verhalten. Wie schwer würden Ihnen diese Umstellungen fallen?

Möglichkeit	Würde mir leicht fallen	Würde mich Überwindung kosten	Herausforderung für mich
Mit dem Fahrrad zur Schule fahren			

Energie(w)ende!?

Im März 2011 wurde in Deutschland der Atomausstieg bis 2022 gesetzlich beschlossen. Gleichzeitig sollen bis 2020 die Treibhausgasemissionen um 40 % im Vergleich zu 1990 reduziert werden. Um diese „Energiewende" zu erreichen, muss der Verbrauch fossiler Energien (z. B. Kohle) gesenkt und der Anteil erneuerbarer Energien (z. B. Sonnenenergie, Wind- und Wasserkraft) erhöht werden. Dafür sind hohe Investitionen in neue Techniken und den Ausbau bspw. des Stromnetzes nötig.

M1 Abbau fossiler Brennstoffe

Klaus Stuttmann, Berlin

A1 Energie(w)ende!? Nennen Sie mögliche Gründe für den Beschluss zur Energiewende. Informieren Sie sich gegebenenfalls auch im Internet.

A2 In Stein gemeißelt? Interpretieren Sie die Karikatur und finden Sie mögliche Gründe für die dargestellte Entwicklung.

A3 Wie ist die aktuelle Entwicklung der sogenannten Energiewende? Recherchieren Sie in Tageszeitungen und/oder dem Internet und präsentieren Sie Ihre Ergebnisse in einem Vortrag. →

Autor: Dirk Haupt

6 Nachhaltig wirtschaften …
Kopiervorlagen Politik
ISBN: 978-3-12-800488-4

Name Klasse Datum

Hochtechnologie statt Kohle

M1 Ausbau erneuerbarer Energien in Deutschland

Die in Deutschland benötigte Energie wird größtenteils aus fossilen Energieträgern wie Kohle, Erdöl oder Erdgas gewonnen. Diese Ressourcen sind nicht nur begrenzt, ihre Verbrennung schädigt auch nachweislich das Klima. Eine Alternative dazu bietet neben der umstrittenen Kernenergie der Ausbau der erneuerbaren Energien:

„Die Bundesregierung wird die konventionellen Energieträger bis 2050 Schritt für Schritt durch erneuerbare Energien ersetzen. […] Strom und Wärme aus den erneuerbaren Quellen machen uns unabhängiger von Energie-Importen. Sie schaffen neue Jobs: 367.400 Beschäftige gab es 2010, ein Jahr zuvor waren es noch 339.500 Beschäftigte. 2020 sollen die ‚Erneuerbaren' 400.000 Arbeitsplätze bieten. Der Einsatz erneuerbarer Energien soll maßgeblich dazu beitragen, die Treibhausgasemissionen bis 2020 um 40 und bis 2050 um mindestens 80 Prozent im Vergleich zu 1990 zu senken."

Zit. nach: http://www.bundesregierung.de/Content/DE/StatischeSeiten/Breg/Energiekonzept/03-erneuerbareenergien.html (Zugriff 09.05.2014).

M2 Bruttostromerzeugung 2013 in Deutschland

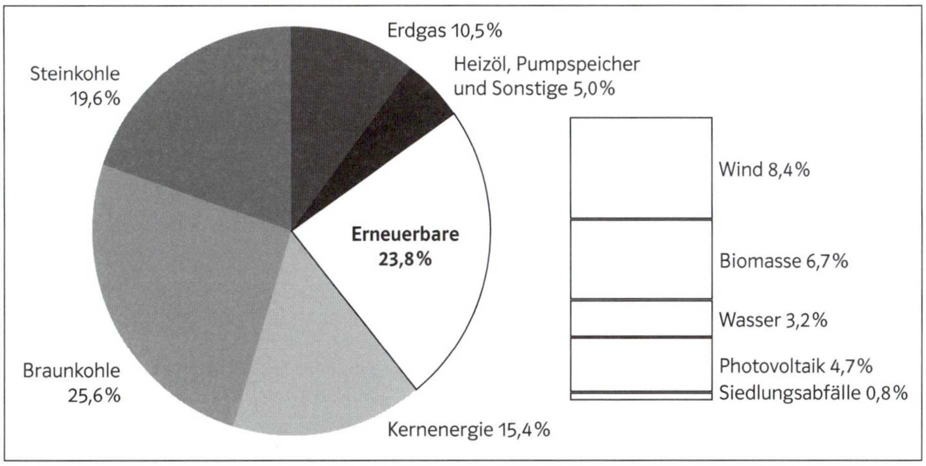

Quelle: BDEW. AG Energiebilanzen Stand 02/2014

A1 Die gegenwärtige Bedeutung erneuerbarer Energien. Beschreiben Sie den derzeitigen „Strommix" in Deutschland und beurteilen Sie den Stand der Umsetzung der „Energiewende" in Bezug auf die Stromversorgung.

____

____

A2 Die zukünftige Bedeutung erneuerbarer Energien. Arbeiten Sie aus den Aussagen der Bundesregierung die mit dem Ausbau der erneuerbaren Energien einhergehenden Chancen heraus. Diskutieren Sie – in Anbetracht der hohen Investitionen und der dadurch steigenden Strompreise – die Frage, ob der Ausbau der erneuerbaren Energien weiter forciert werden soll.

Die Chancen bestehen in der ______________________________

____

A3 Die Funktionsweise erneuerbarer Energien. Wind- und Solarenergie, Wasserkraft und Biomasse – es gibt viele Möglichkeiten, Energie aus unbegrenzt vorhandenen Ressourcen zu gewinnen. Recherchieren Sie die technische Funktionsweise einer dieser Möglichkeiten und stellen Sie diese in einem Kurzreferat vor. →

Name Klasse Datum

Recherche/Linktipp
Chinas Energiebedarf
s6ai45

„Energiehunger"

Während in Deutschland an der „Energiewende" gearbeitet wird, steigt der Energieverbrauch weltweit unaufhörlich weiter. Dieser „Energiehunger" der meisten Staaten und ihrer Bevölkerungen wird nach wie vor durch – nur begrenzt vorhandene – fossile Brennstoffe gestillt und konterkariert damit nicht nur Klimaziele, sondern führt auch zu erhöhter Konkurrenz um die Sicherung von Rohstoffen. Daraus resultieren Konflikte und umstrittene Maßnahmen zur Erschließung neuer Rohstoffquellen.

A1 Ursachen und Folgen im Überblick. Nennen Sie die Ursachen und Folgen des weltweit steigenden Energieverbrauchs.

Ursachen	Folgen

A2 Verantwortlichkeiten: das Beispiel China. Recherchieren und vergleichen Sie den aktuellen Energiebedarf Chinas mit dem der 28 EU-Staaten. Diskutieren Sie ausgehend von diesen Zahlen in der Klasse, ob Chinas „Energiehunger" für den Klimawandel verantwortlich ist.

A3 Auswege: das Beispiel Fracking. Recherchieren und erläutern Sie die Funktionsweise des „Fracking" und interpretieren Sie vor diesem Hintergrund die Karikatur. Beurteilen Sie ausgehend von der Position des Karikaturisten, ob Fracking eine geeignete Methode ist, den steigenden Energiebedarf zu decken.

M1 Erdgas-Fördermethode Fracking

Klaus Stuttmann, Berlin

Autor:
Christopher Hempel
6 Nachhaltig wirtschaften ...
Kopiervorlagen Politik
ISBN: 978-3-12-800488-4

Name Klasse Datum

Recherche/Linktipp
Weltklimarat
r423w4

Klimawandel weltweit

M1 Klimawandel – Szenarien (Zusammenfassung des Berichts des Weltklimarats, 2014)

„Verstärkt sich der Klimawandel in den kommenden Jahrzehnten weiter, nimmt Hitzestress zu, Extremereignisse werden voraussichtlich häufiger und führen zu stärkeren negativen Folgen für Gesellschaften und Ökosysteme, und es steigt die Gefahr von abrupten, unumkehrbaren Klimaänderungen mit sehr hohem Risiko (Kipppunkte). Risiken für Menschen bestehen durch die Beeinträchtigung von Dienstleistungen der Natur (z.B. durch Extremtemperaturen, Dürreperioden, Überflutungen, Ozeanerwärmung und -versauerung sowie den daraus resultierenden Verlusten an Biodiversität und Produktivität von Ökosystemen und Landwirtschaft) sowie durch Schäden an Infrastrukturen und Landverluste (z.B. durch Meeresspiegelanstieg). Zunehmender Klimawandel verlangsamt das Wirtschaftswachstum, gefährdet die Ernährungssicherheit, verschärft soziale Ungleichheiten und birgt damit die Gefahr gewaltsamer Konflikte und verstärkter Migrationsbewegungen."

Zit. nach: http://www.bmub.bund.de/fileadmin/Daten_BMU/Download_PDF/Klimaschutz/ipcc_sachsta ndsbericht_5_teil_2_bf.pdf (Zugriff 09.05.2014).

A1 Klimawandel – was sind die Folgen? Diskutieren Sie in Ihrer Klasse die Auswirkungen des Klimawandels, die der Weltklimarat (M1) in seinem aktuellen Bericht aufführt. Wer ist auf welche Weise von diesen betroffen?

A2 Klimawandel – was muss getan werden? Benennen Sie mögliche Gegenmaßnahmen und erläutern Sie, weshalb diese so zögerlich – gemessen an den möglichen Folgen – in Angriff genommen werden.

A3 Klimawandel – was kann ich tun? Informieren Sie sich unter www.footprintdeutschland.de über das Konzept des „Ökologischen Fußabdrucks". Wie kann der eigene Fußabdruck durch ein verändertes Handeln in den verschiedenen Bereichen verkleinert werden?

Ernährung	Wohnen	Mobilität	Konsumgüter

Autor:
Christopher Hempel

ISBN: 978-3-12-800488-4

Name Klasse Datum

Erfolgsprojekt Europäische Union

Obwohl die EU 2012 den Friedensnobelpreis „für über sechs Jahrzehnte Beitrag zur Förderung von Frieden und Versöhnung, Demokratie und Menschenrechten in Europa" erhielt, finden eurokritische Strömungen in Europa breiten Zulauf. Europäische Errungenschaften wie Stabilität, Frieden, Wohlstand, Freizügigkeit, Umwelt- und Verbraucherschutz werden in den mittlerweile 28 EU-Staaten von der Euro-Krise und der Kritik an eine vermeintlich bürgerferne EU-Struktur mit einer überbordenden Bürokratie überlagert. Gleichzeitig herrschen unter den EU-Bürgern oft Unkenntnisse über Funktionsweise und Vorteile der EU.

A1 Prinzipien der EU. Die Zusammenarbeit der Staaten in der EU basiert auf folgenden Prinzipien: Supranationalität, Solidarität, Rechtstreue, degressive Proportionalität, Subsidiarität, Bereitschaft zum Kompromiss. Ordnen Sie die Prinzipien den passenden Erläuterungen zu.

______ Auf europäischer Ebene wird nur das geregelt, was dort besser zu bewirken ist.

______ Nationale Souveränität wird abgetreten und von Mitgliedstaaten auf europäischer Ebene gemeinsam ausgeübt.

______ Das System der EU funktioniert nur, wenn sich alle Mitgliedstaaten an gemeinsame Regeln halten. Streitigkeiten entscheidet der Europäische Gerichtshof.

______ Unterschiedlichkeit der Mitgliedstaaten in Größe, Tradition, Wirtschaftsstruktur, politischer Ausrichtung und Kultur zwingt alle immer wieder zum Aufeinanderzugehen.

______ Unterschiede in der wirtschaftlichen, politischen und militärischen Stärke der Mitgliedstaaten verpflichten zur gegenseitigen Unterstützung.

______ In den europäischen Institutionen erhalten die kleinen Staaten in Relation zu den bevölkerungsgroßen Staaten mehr Gewicht.

A2 Europa ist weit weg? Europa ist für die Bürger da! Ergänzen Sie in Stichpunkten beispielhaft konkrete Vorteile europäischer Regelungen.

Arbeitsmarkt:

______

______

______

Bildung:

______

______

______

Konsum:

______

______

______

______

Urlaub:

______

______

______

______

Gesundheit/Hygiene:

______

______

______

A3 Die EU – Zielscheibe der Kritik! Erstellen Sie im Auftrag der Europäischen Kommission ein Werbeplakat für die EU. Die Überschrift könnte lauten: „EU – 60 Jahre Frieden, Freiheit und Wohlstand". →

Autor:
Andrej Keller
7 Die Europäische Union
Kopiervorlagen Politik
ISBN: 978-3-12-800488-4

Name Klasse Datum

Staats- und Unionsbürgerschaft

Europäischer Reisepass

shutterstock (Booka), New York, NY

Einen Reisepass vergeben Staaten als Ausweisdokument für Reisen der Bürgerinnen und Bürger ins Ausland. Innerhalb der Europäischen Union herrscht Reisefreiheit. Alle Staatsangehörigen eines Mitgliedstaates der Europäischen Union besitzen die Unionsbürgerschaft. Sie ergänzt die nationale Staatsbürgerschaft, ersetzt sie aber nicht.

A1 Neue Rechte wahrnehmen in Europa

a) Welche Rechte erwirbt eine Europäerin durch die Unionsbürgerschaft? Ergänzen Sie den Text.

- Freizügigkeit:
  Wir haben das Recht, uns in allen Mitgliedstaaten der EU ____________
  ____
  ____
- Wahlrecht am Wohnort:
  Bei Europa- und Gemeindewahlen können wir wählen, auch wenn wir
  ____
- Petitions- und Beschwerderecht beim Europäischen Parlament:
  Wir haben ein Petitions- und Beschwerderecht beim Europäischen Parlament, wenn wir Missstände ________
  ____
- Klagerecht vor dem Europäischen Gerichtshof (EuGH):
  Vor dem Europäischen Gerichtshof kann klagen, wer ____________________
  ____

b) Was ist unter den „vier Freiheiten" der wirtschaftlichen Zusammenarbeit zu verstehen? Nennen und erklären Sie sie.

1. ____________________
____
____

2. ____________________
____
____

3. ____________________
____
____

4. ____________________
____
____

Autor:
Thomas Schwörer

ISBN: 978-3-12-800488-4

Recherche/Linktipp
EU-Jugendprogramme
b94r7h

A2 Neue Erfahrungen sammeln in Europa

a) Wo waren Sie schon in Europa? Wo würden Sie gern einmal hin? Zeichnen Sie mit unterschiedlichen Farben die Punkte in der Karte ein. Beschriften Sie die Punkte.

Klett-Archiv (KOMA AMOK ®), Stuttgart

b) Für Jugendliche gibt es viele Möglichkeiten, mehr von Europa kennenzulernen. Recherchieren Sie im Internet arbeitsteilig zu den verschiedenen Jugendprogrammen der EU. →

Autor:
Thomas Schwörer
7 Die Europäische Union
Kopiervorlagen Politik
ISBN: 978-3-12-800488-4

Name Klasse Datum

Die Entwicklungsgeschichte der EU

- **1951** Montanunion
- **1957** Römische Verträge
- **1968** Binnenmarkt
- **1979** erste Wahlen zum Europäischen Parlament
- **1993** Vertrag von Maastricht
- **2002** Wirtschafts- und Währungsunion (Einführung Euro)
- **ab 2004** Osterweiterung der EU
- **2009** Vertrag von Lissabon: Reform der EU-Institutionen und Vertiefung der Zusammenarbeit

A1 Wie entwickelte sich die Europäische Union? Informieren Sie sich über die Ereignisse auf dem Zeitstrahl. Gliedern Sie die Zeitleiste in fünf Etappen und geben Sie jeder Etappe eine Überschrift.

A2 Wie entwickelte sich Deutschland in diesem Zeitraum? Ergänzen Sie an der Zeitleiste zwei wichtige Ereignisse der deutschen Geschichte.

A3 Gestörte Entwicklung? Beschreiben Sie, wie sich der Ost-West-Konflikt nach dem Zweiten Weltkrieg auf beide Entwicklungsverläufe auswirkte.

A4 Wie sieht die aktuelle Entwicklung aus? Setzen Sie die Zeitleiste fort.

ISBN: 978-3-12-800488-4

Name Klasse Datum

Die Außengrenze der EU

M1 Die Außengrenze der EU

„Mit dem Schengener Abkommen wurden 1985 die Binnengrenzen zwischen den EU-Staaten aufgehoben, zugleich entstand eine neue Außengrenze der EU, die im Süden an Afrika, im Osten an die Ukraine und Russland, im Südosten an die Türkei grenzt. Langfristig soll sie durch eine Europäische Grenzpolizei gesichert werden. Bis es so weit ist, will man die nationalen Grenzschützer an den Außengrenzen der EU mit hochempfindlichen Bewegungsmeldern, Infrarotsuchgeräten, Hightech-Abwehrgeräten und vernetzten Datensystemen schlagkräftiger machen. Bis zu zwei Millionen Menschen dringen jedes Jahr illegal in die Europäische Union ein, die genaue Zahl kennt man nicht. Die Schlepper raten den Flüchtlingen, ihre Personalpapiere vor der Reise zu vernichten, damit sie nicht identifizierbar sind. Das verhindert die Abschiebung – denn in welches Land soll man sie abschieben? Die spanischen Behörden z. B. können derzeit nur jeden zehnten Illegalen wieder zurückschicken, alle anderen müssen nach 40 Tagen auf freien Fuß gesetzt werden."

Zit. nach: Ingke Brodersen, Rüdiger Dammann (2007): Das neue Europa. In Vielfalt geeint – Geschichte und Zukunft der Europäischen Union. Ravensburg, S. 123 f.

Szenarien entwickeln

Die Ausgangssituation:
Seit die Lage in Nordafrika im Frühjahr 2011 eskalierte, versuchen Tausende Flüchtlinge, die rettenden Küsten von Spanien und Italien zu erreichen. Das Auffanglager auf der Insel Lampedusa ist völlig überfüllt und wurde geschlossen. Die Regierung in Rom hat den Notstand ausgerufen und die EU zum Eingreifen aufgefordert.

Setzen Sie sich in kleinen Gruppen zusammen und bearbeiten Sie das Problem gemeinsam.

a) Erläutern Sie, ob es Sache der EU ist, den Flüchtlingen aus Nordafrika und den überforderten Aufnahmeregionen in der gegenwärtigen Notlage zu helfen. →

b) Wie könnte Europa die Flüchtlingsthematik in Zukunft grundsätzlich angehen? Entwickeln Sie drei verschiedene Szenarien mithilfe der Szenariotechnik. →

c) Interpretieren Sie, welches Szenario der Karikaturist befürchtet.

M2 „Boatpeople"

Stuttmann, Klaus, Berlin

Autor: Thomas Schwörer
7 Die Europäische Union
Kopiervorlagen Politik
ISBN: 978-3-12-800488-4

Name Klasse Datum

Das Institutionengefüge der EU

Nach dem Vertrag von Lissabon

Wo fallen die gemeinsamen Entscheidungen? Markieren Sie mit einem roten Stift die an der Gesetzgebung beteiligten Organe.

M1 Politisches System der EU

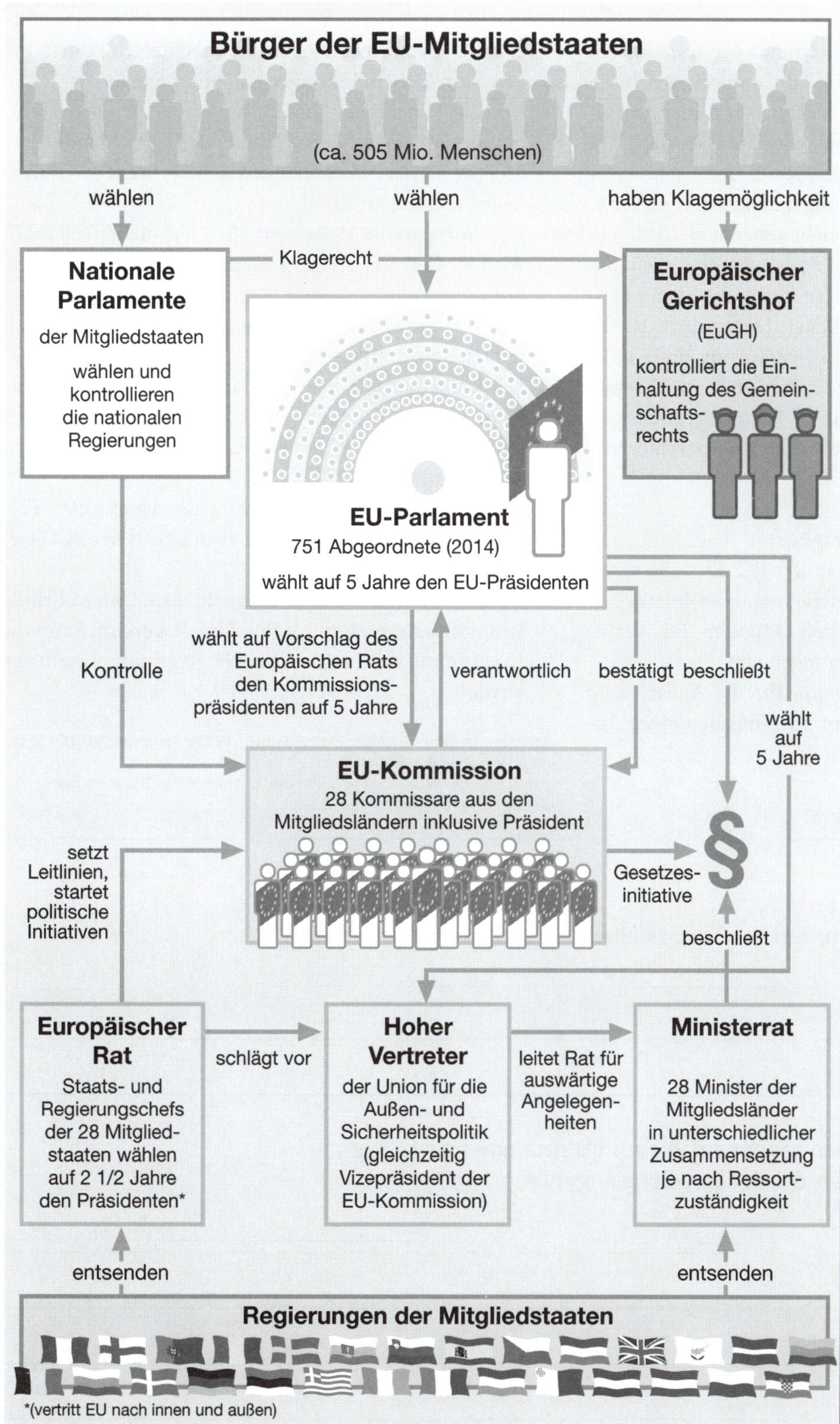

Die Architektur der EU nach dem Vertrag von Lissabon

Andreas Vierecke/Bernd Mayerhofer/Franz Kolwut: dtv-Atlas Politik.
Grafische Gestaltung der Abbildungen von Werner Wildermuth.

Autor: Thomas Schwörer

ISBN: 978-3-12-800488-4

Name Klasse Datum

Der Lissabon-Vertrag

M1 Europa rückt zusammen

Eckpunkte des Lissabon-Vertrages

„Die Einigung Europas, schrieb einmal der französische Schriftsteller Paul Lacroix im 19. Jahrhundert, gleicht einem Versuch, ein Omelett zu backen, ohne Eier zu zerschlagen. Seit Anfang Dezember wird nun serviert: Die Europäische Union (EU) hat sich einen Grundlagenvertrag geschaffen, der wie eine Verfassung daherkommt – aber so nach ablehnenden Referenden nicht genannt werden darf. Daher haben die europäischen Regierungschefs nach jahrelangen Verhandlungen seine Struktur in die bereits existierenden EU-Verträge eingearbeitet. Dennoch regelt der Änderungsvertrag, den die [damaligen, Anm. d. Red.] 27 EU-Mitgliedstaaten am 13. Dezember 2007 in Lissabon unterzeichnet haben, die Politik in Europa grundlegend neu. Ziele sind, die EU demokratischer, transparenter und effizienter zu machen.

Einige Neuregelungen des Vertrags:

1. Der Europäische Rat ist Organ der EU. Er wählt einen Ratspräsidenten für eine Amtszeit von zweieinhalb Jahren. Daneben gibt es weiter den (Minister-)Rat, der in verschiedenen Zusammensetzungen tagt.
2. Ein ‚Hoher Vertreter der Union für die Außen- und Sicherheitspolitik' übernimmt die Aufgaben eines Außenministers für die EU.
3. Die EU-Grundrechte-Charta ist rechtsverbindlich, mit gewissen Einschränkungen für einige Staaten.
4. Von 2014 an gilt bei Abstimmungen die doppelte Mehrheit im Rat, die größere Länder wie Deutschland stärkt: 55 Prozent der Staaten, in denen 65 Prozent der Bürger leben, müssen zustimmen.
5. Das Europäische Parlament (EP) hat mehr Rechte. Es wird als Gesetzgeber gemeinsam mit dem Rat tätig und übt gemeinsam mit dem Rat die Haushaltsbefugnisse aus. Das Europäische Parlament wählt auch den Präsidenten der Kommission.
6. Die Rolle der nationalen Parlamente wird gestärkt. Sie werden über Gesetzgebungsaktionen der EU informiert und können die Einhaltung des Subsidiaritätsgrundsatzes einfordern.
7. Von 2014 an stellt nicht mehr jedes Land einen EU-Kommissar, sondern lediglich zwei Drittel der EU-Staaten.
8. Bürgerbegehren werden möglich: Mit Unterschriften von mindestens einer Million Unionsbürgern kann die EU-Kommission mit einer Gesetzgebung beauftragt werden."

Zit. nach: Jan Rübel: Europa rückt zusammen. In: Das Parlament 53/2009, S. 11. Hrsg. Deutscher Bundestag, Berlin. Unter: http://www.bundestag.de/dasparlament/2009/53/Themenausgabe/28209094.html (Zugriff 23.03.2011).

A1 „Die Einigung Europas ist wie ..."

a) Erläutern Sie den Vergleich, den der Schriftsteller Paul Lacroix (M1) angestellt hat.

b) Zählen Sie alle europäischen Länder auf, die zur EU zusammengewachsen sind. Markieren Sie diejenigen, die der Euro-Zone angehören.

Autor: Thomas Schwörer

7 Die Europäische Union
Kopiervorlagen Politik
ISBN: 978-3-12-800488-4

Name Klasse Datum

A2 Der Reformprozess im Vorher/Nachher-Vergleich. Finden Sie den Unterschied? Versuchen Sie herauszufinden, worin sich die neue Regelung (M1) von der jeweils alten unterscheidet.
Überlegen Sie anschließend gemeinsam: Warum wurde die neue Regelung eingeführt? Welche Absicht steckt darin?

Bereich/Institution/Sache	Vorher?	Nachher?
1. Europäischer Rat	Der Europäische Rat war kein Organ der EU, „nur" Zusammenkunft der Staatschefs.	
2. Gemeinsame Außen- und Sicherheitspolitik (GASP)	Der „Hohe Repräsentant" der GASP hatte keinen festen Platz im Institutionengefüge.	
3. EU-Grundrechte-Charta	Eine verbindliche Rechtssammlung gab es nicht, nur Einzelstücke.	
4. Abstimmungsverfahren	Entscheidungen im Ministerrat mussten einstimmig getroffen werden.	
5. Rechte des Europäischen Parlaments	Das EP war hinter dem Rat zurückgesetzt in Gesetzgebungsbefugnissen.	
6. Rolle der nationalen Parlamente	Regelmäßige Kontakte waren eher informell.	
7. Anzahl der EU-Kommissare	Jedes Land stellte einen Kommissar.	
8. Bürgerbegehren	Ein solches Verfahren gab es nicht auf EU-Ebene.	

ISBN: 978-3-12-800488-4

Name Klasse Datum

Das Europäische Parlament

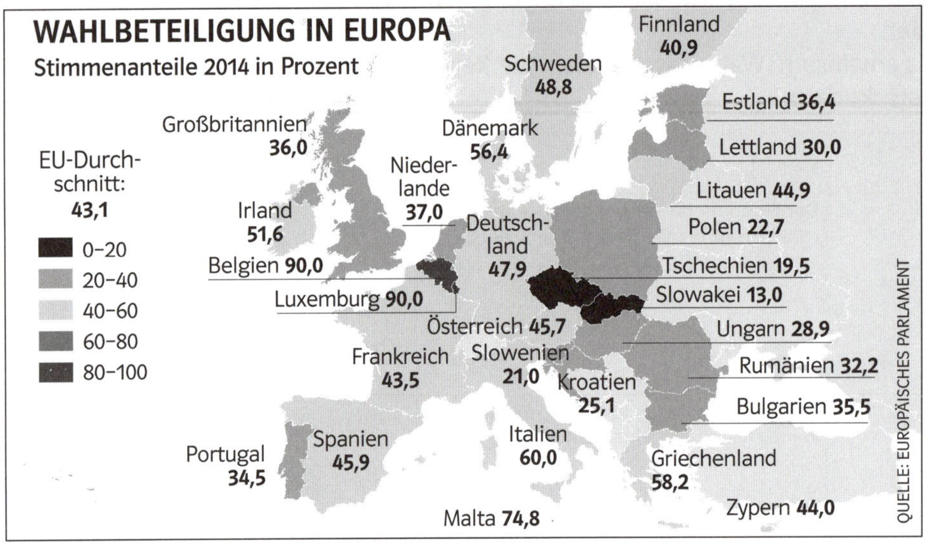

Axel Springer Syndication GmbH, Berlin

M1 **Wahl EU-Parlament 2014**

A1 Gesetzgebungskompetenz? Benennen Sie die Mitwirkungsmöglichkeiten des EU-Parlaments (EP) bei der EU-Gesetzgebung.

A2 Grenzen des Europäischen Parlaments? Beschreiben Sie, wie sich das EP von einem nationalen Parlament unterscheidet.

A3 Wahl des Europäischen Parlaments. Erklären Sie die Wahl zum EP.

A4 Ist Europa uninteressant? Analysieren und diskutieren Sie die Wahlbeteiligung zur Europawahl 2014 (M1).

Autor: Thomas Schwörer

7 Die Europäische Union
Kopiervorlagen Politik
ISBN: 978-3-12-800488-4

Name Klasse Datum

EU-Erweiterung

Was macht den gemeinsamen Kern der EU aus? Dies ist eine schwierige, aber für das Binnen- wie Außenverhältnis der EU zu Beitrittskandidaten auch wichtige Frage. Was verbindet den Sizilianer mit dem Finnen oder den Portugiesen mit dem Rumänen? Nachdem die Suche nach einer gemeinsamen europäischen Identität nicht von Erfolg gekrönt war, rücken das verbindende Bekenntnis aller Mitgliedsländer zu einer gemeinsamen Werteorientierung und die Anerkennung verschiedener nationaler Identitäten in den Vordergrund.

M1 Vertrag von Lissabon (gültig seit 2009)

Artikel 2 benennt die gemeinsamen **Werte**, auf die sich die EU beruft:

Art. 2: „Die Werte, auf die sich die Union gründet, sind die Achtung der Menschenwürde, Freiheit, Demokratie, Gleichheit, Rechtsstaatlichkeit und die Wahrung der Menschenrechte einschließlich der Rechte der Personen, die Minderheiten angehören. Diese Werte sind allen Mitgliedstaaten in einer Gesellschaft gemeinsam, die sich durch Pluralismus, Nichtdiskriminierung, Toleranz, Gerechtigkeit, Solidarität und die Gleichheit von Frauen und Männern auszeichnet."

Artikel 3 formuliert den **Auftrag der EU**:

Art. 3 (1): „Ziel der Union ist es, den Frieden, ihre Werte und das Wohlergehen ihrer Völker zu fördern."

Art. 3 (2): „Die Union bietet ihren Bürgerinnen und Bürgern einen Raum der Freiheit, der Sicherheit und des Rechts ohne Binnengrenzen, in dem [...] der freie Personenverkehr gewährleistet ist."

Zit. nach: https://dejure.org/gesetze/EU/ (Zugriff 06.05.2014).

A1 EU als Wertegemeinschaft! Stellen Sie an einigen Beispielen dar, inwieweit sich diese Werte und Ziele (M1) in der europäischen Integrationswirklichkeit niederschlagen.

____

____

____

____

A2 Wie kommt man in die EU? Erläutern Sie, inwieweit sich die Werte der EU in den Aufnahmekriterien („Kopenhagener Kriterien") für Beitrittskandidaten niederschlagen.

____

____

____

____

A3 Umstrittener Kandidat! Seit 1999 besitzt die Türkei den Status eines offiziellen Beitrittskandidaten der EU. Ein möglicher Beitritt der Türkei ist allerdings sehr umstritten. Notieren Sie die wesentlichen Pro- und Kontra-Argumente zum Beitritt der Türkei und beziehen Sie abschließend Stellung. →

Autor:
Andrej Keller

ISBN: 978-3-12-800488-4

Die Euro-Krise

Seit 2009 gerieten Griechenland, Irland, Spanien, Portugal sowie Zypern in akute Liquiditätsprobleme. Die Situation in Slowenien und Italien wird ebenfalls als bedrohlich eingestuft. Vor allem die erstgenannten Staaten hatten große Probleme, sich auf den internationalen Finanzmärkten zu refinanzieren, und mussten durch die EU und die EZB gestützt werden. Die Ursachen für die Krise sind in den betroffenen Staaten sehr unterschiedlich. Die Folgen waren u. a. drastische Reformschritte in den Krisenländern, ein hektisches Krisenmanagement innerhalb der Eurozone und die Verabschiedung eines Europäischen Fiskalpaktes.

A1 Die „multiple Krise"! Die Euro-Krise verbindet unterschiedliche Krisenelemente. Erklären Sie diese Zusammenhänge am folgenden Schaubild in einem gemeinsamen Unterrichtsgespräch.

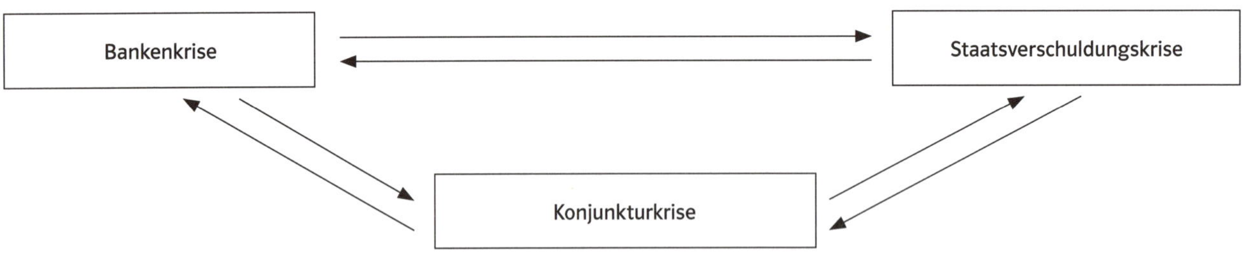

A2 Der griechische Patient. Zeigen Sie **wesentliche** Ursachen der Finanz- und Wirtschaftskrise Griechenlands sowie **wichtige** Inhalte der Reformpakete auf.

Ursachen der griechischen Krise	Reformmaßnahmen (teilweise geplant)

A3 Europäisches Krisenmanagement! Erläutern Sie die Funktionsweise verschiedener Maßnahmen, die von den Eurostaaten/der EZB beschlossen wurden.

Schuldenschnitt („Haircut"): ____________________

____

Europäischer Stabilitätsmechanismus (ESM): ____________________

____

EU-Fiskalpakt: ____________________

____

Staatsanleihenkauf durch EZB: ____________________

____

Autor:
Andrej Keller
7 Die Europäische Union
Kopiervorlagen Politik
ISBN: 978-3-12-800488-4

Name Klasse Datum

Recherche/Linktipp
Freizügigkeit
2ct2sk

EU-Freizügigkeit: Notwendigkeit oder Segen?

Seit 2014 dürfen alle EU-Bürger, auch aus Bulgarien und Rumänien, unbegrenzt in Deutschland arbeiten. Dies hatte unter dem umstrittenen CSU-Slogan „Wer betrügt, der fliegt!“ zu einer breiten Diskussion in der Öffentlichkeit geführt. Die Personenfreizügigkeit ist eine der vier Grundfreiheiten des europäischen Binnenmarktes, neben dem freien Waren-, Kapital- und Dienstleistungsverkehr. Vor dem Hintergrund des Fachkräftemangels profitiert die deutsche Wirtschaft besonders von einer qualifizierten Zuwanderung.

A1 Frei(zügig)es Europa! Informieren Sie sich über Rechte, die zugewanderten EU-Bürgern eingeräumt werden. Unterscheiden Sie nach Arbeitnehmern/Selbstständigen, Arbeitssuchenden, Studierenden/Nichterwerbstätigen. →

A2 Zuwanderung erregt die Gemüter. Ab 2014 gilt die volle Freizügigkeit auch für Rumänen und Bulgaren in Deutschland. Informieren Sie sich über die Argumente gegen die Freizügigkeit für Personen aus diesen Ländern. →

A3 Freizügigkeit als Segen? Informieren Sie sich über die Praxis der EU-Freizügigkeit und entgegnen Sie mithilfe von M1–M3 der Kritik gegen die Freizügigkeit von EU-Bürgern aus Rumänien und Bulgarien. →

M1 Qualifikation von Zuwanderern

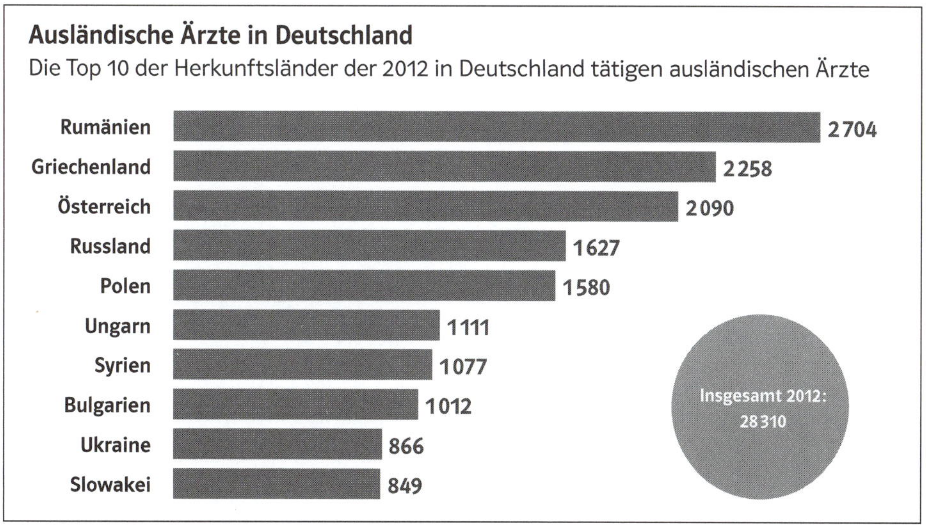

Quelle: Bundesärztekammer

M2 Akademikeranteil unter den Zuwanderern nach Deutschland

1990–2000	1995–2005	1999–2009	2001–2011	2011 aus Bulg./Rum.	2011 Gesamtbevölkerung
16,1%	22,2%	27,5%	29,1%	24,5%	18,7%

Quelle: Geis 2012; FDZ der statistischen Ämter des Bundes und der Länder, Mikrozensus 2011

M3 Arbeitslosenanteil 2012

Deutschland gesamt	Ausländer in Deutschland	Bulgaren/Rumänen
7,4%	16,2%	9,3%

M4 Bezug von Arbeitslosengeld II („Hartz IV“)

Deutschland gesamt	Ausländer in Deutschland	Bulgaren	Rumänen
7,5%	16,2%	14,8%	7,4%

Quelle: Geis 2012; FDZ der statistischen Ämter des Bundes und der Länder, Mikrozensus 2011

Autor:
Andrej Keller

ISBN: 978-3-12-800488-4

Name Klasse Datum

Recherche/Linktipp
Globalisierung
3a7tp4

Globalisierung ist, wenn …

M1 Ein politischer „Witz“ aus dem Internet

Frage: Was ist ein wahres Beispiel für echte Globalisierung?
Antwort: Der Tod von Prinzessin Diana.

Frage: Wieso?
Antwort: Eine englische Prinzessin hat mit ihrem ägyptischen Freund einen Unfall in einem französischen Tunnel, in dem sie mit einem deutschen Auto mit holländischem Motor unterwegs war, das von einem Belgier gesteuert wurde, der sich zuvor mit schottischem Whisky betrunken hatte.
Sie wurden verfolgt von italienischen Paparazzi auf japanischen Motorrädern, behandelt von einem amerikanischen Arzt unter Verwendung von brasilianischen Medikamenten.
Diese Information wurde versendet von einem Kanadier, der sich der Technologie von Bill Gates bediente.
Während Sie das lesen, sitzen Sie wahrscheinlich an einem Computer, der taiwanesische Microchips und einen koreanischen Monitor besitzt, von Arbeitern aus Bangladesh in einer Fabrik in Singapur zusammengebaut wurde, von indischen LKW-Fahrern transportiert, von Indonesiern gekapert, von sizilianischen Hafenarbeitern entladen und schließlich von illegalen mexikanischen Einwanderern zu Ihnen gebracht wurde. Das, mein Freund, ist echte Globalisierung.

Das Paradebeispiel für Globalisierung. Onlinewitz unter: http://www.gags.cc/joke.php?id=834&listtype=1 (Zugriff 23.03.2011).

A1 Lesen Sie den Text (M1) und bewerten ihn:

☐	☐	☐	☐	☐

A2 Bereiche der Globalisierung. Man unterscheidet die politische, wirtschaftliche, ökologische und die kulturelle Globalisierung. Erklären Sie diese Kategorien und recherchieren Sie Beispiele.

A3 „Globalisierung ist, wenn …“ Verfassen Sie einen ähnlichen Text zum Stichwort „Globalisierung“.

Autor:
Thomas Schwörer
8 Globale Wirtschaft und Entwicklung
Kopiervorlagen Politik
ISBN: 978-3-12-800488-4

Name Klasse Datum

Globale Wirtschaft

M1 Weltreise einer Jeans

Gibt es einen Ort auf der Erde, der vom Rest der Welt noch unberührt ist? Gibt es einen Menschen, dessen Schicksal vom Rest der Welt unbeeinflusst ist? Früher gab es in der Einen Welt viele Lebenswelten, die nichts miteinander zu tun hatten. Dann vermehrten sich die Berührungspunkte, und heute gibt es praktisch keine geschlossenen Räume mehr auf der Welt. Diesen weltweiten Prozess der Annäherung und Verflechtung nennt man **Globalisierung**. Die wirtschaftliche Entwicklung treibt ihn entscheidend voran. Große Warenströme bewegen sich rund um den Globus. Eine Jeans zum Beispiel bringt auf ihrem Weg von der Entstehung bis zum Verkauf eine wahre Weltreise hinter sich. So könnte das aussehen:

Kasachstan

Hier fängt alles an. Die Baumwolle wird in riesigen Monokulturen angebaut und oftmals noch von Hand geerntet.

Türkei

Der erste Schritt zur Herstellung des Stoffes: Hier wird in der Spinnerei aus Baumwolle Garn gesponnen.

Taiwan

Die Baumwolle wird mit chemischer Indigofarbe aus Deutschland eingefärbt.

Polen

Aus dem gefärbten Garn wird Jeansstoff gewebt.

Frankreich/Italien

Innenfutter, kleine Schildchen mit Wasch- und Bügelhinweisen sowie Knöpfe und Nieten werden gefertigt.

Philippinen

Aus dem Jeansstoff wird – nach Entwürfen und Schnitten aus Deutschland – die Jeans genäht, die Schildchen u. a. Kleinteile werden angenäht.

Griechenland

Die Jeans erhalten hier ihren letzten Schliff: Sie werden zusammen mit Bimssteinen gewaschen und bekommen so z. B. den „Stonewashed-Effekt".

Deutschland

In die Jeans wird das Firmen-Label eingenäht. Die Jeans wird verkauft.

Autor:
Thomas Schwörer

ISBN: 978-3-12-800488-4

Name Klasse Datum

A1 Reisestationen. Zeichnen Sie die einzelnen Stationen der Reise in die Karte ein. Nehmen Sie dafür evtl. einen Atlas zu Hilfe.

A2 Entfernungen. Schätzen Sie die Entfernungen zwischen den einzelnen Produktionsschritten bis zur Fertigstellung und rechnen Sie die Kilometer zusammen.

Von Kasachstan in die Türkei: ______________________________

Aus der Türkei ______________________________

____

____

____

____

____

Summe: ______________

Übrigens:
Ganz zu Ende ist die Reise der Jeans hier noch nicht. Wenn ihr Besitzer sie nicht mehr trägt, könnte sie in einer Altkleidersammlung landen, von dort in die Niederlande transportiert werden, dort sortiert und verpackt werden, um anschließend in einem afrikanischen Land zu Ende getragen zu werden. Wie viele Kilometer kämen dann ungefähr noch einmal hinzu?

____

____

Endsumme: ______________

Autor:
Thomas Schwörer
8 Globale Wirtschaft und Entwicklung
Kopiervorlagen Politik
ISBN: 978-3-12-800488-4

Internationale Kapitalmärkte – Kasinokapitalismus?

Asienkrise 1997, Dotcom-Blase 2000, Subprimekrise 2007, Euro-Krise 2010 – immer wieder platzen auf den Finanzmärkten Spekulationsblasen mit tief greifenden volkswirtschaftlichen Verwerfungen. Zwar profitieren Hedgefonds, Investmentfonds, Banken und liquide Anleger von enormen Renditen bei komplizierten Finanzprodukten, die Kosten der Crashs trug jedoch die Allgemeinheit. Mittlerweile haben sich die Kapitalmärkte von der Realwirtschaft abgekoppelt. Ihre einstige Aufgabe, die Wirtschaft mit Geld zu versorgen, spielt nur noch eine untergeordnete Rolle. In der EU wird daher eine Finanztransaktionssteuer zur Bändigung des sogenannten Kasinokapitalismus diskutiert.

M1 **Entkoppelte Märkte im Jahr 2010**

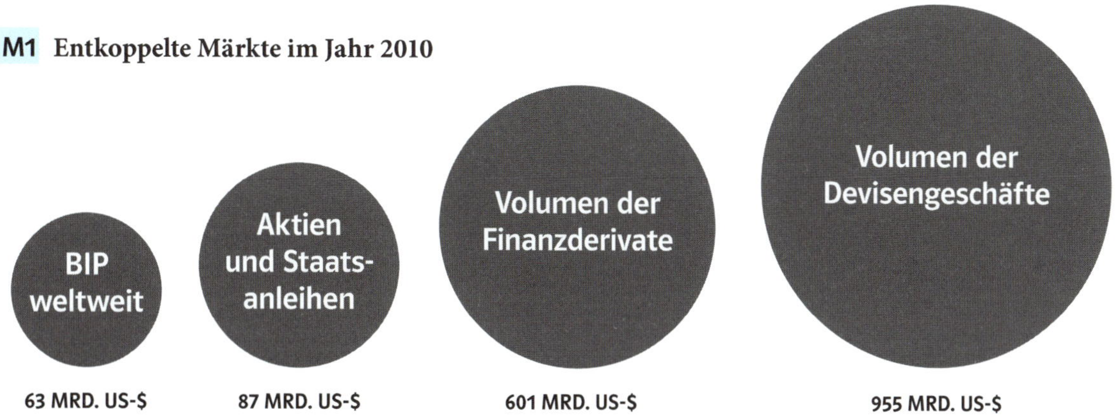

A1 **Anlagemöglichkeiten.** Informieren Sie sich über folgende, in der Grafik aufgeführten, Begriffe:

BIP: ____________________

Aktien: ____________________

Staatsanleihen: ____________________

Derivate: ____________________

____

Devisen: ____________________

A2 **Realwirtschaft und Kapitalmarkt – unterschiedliche Geschwindigkeiten!**
Recherchieren und erläutern Sie, wie es zur Entkoppelung von Finanzmärkten und Realwirtschaft kommen konnte.

____

____

____

____

____

A3 **Finanztransaktionssteuer zur Entschleunigung des Turbokapitalismus!**
Informieren Sie sich über die Finanztransaktionssteuer und diskutieren Sie das Pro und Kontra ihrer Einführung. →

ISBN: 978-3-12-800488-4

Name Klasse Datum

Recherche/Linktipp
Ausländische Direktinvestitionen
ut72be

Global Player – Fluch oder Segen?

Transnationale Unternehmen, Global Player, multinationale Unternehmen – je nach Abgrenzungskriterien werden internationale, an unterschiedlichen Standorten agierende Unternehmen unterschiedlich bezeichnet. Indem sie Kostenvorteile ausnutzen, erschließen sie ausländische Märkte durch Direktinvestitionen und verlagern Arbeitplätze, Geschäftsmodelle, Firmenstandorte im globalen Maßstab. Die Konsequenzen für den Nationalstaat und für die immobileren Arbeitnehmer stehen zugleich im Fokus der Globalisierungskritik.

A1 Auf und Ab von Ausländischen Direktinvestitionen (ADI)! Erläutern Sie ausgehend von M1 die Motive transnationaler Unternehmen für ADI.

M1 **Wo Global Player investieren**

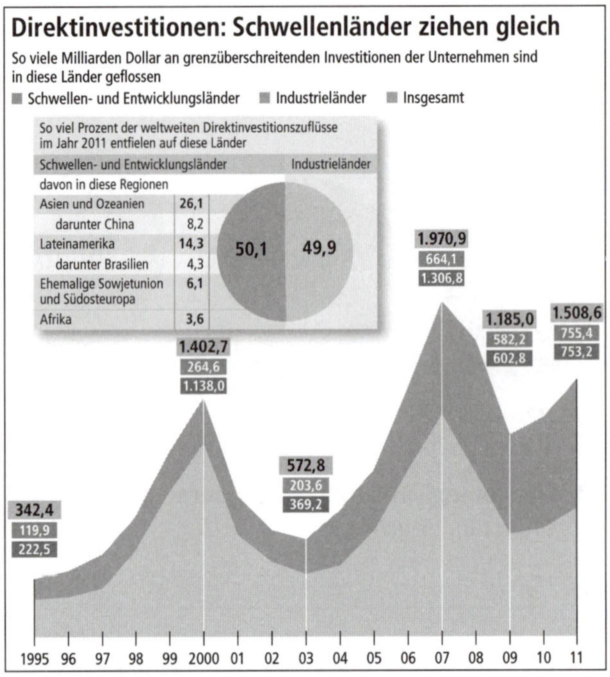

© 2012 IW Medien • iwd 16

A2 Umstrittene Multis! Diskutieren Sie die Vor- und Nachteile grenzübergreifender Aktivitäten transnationaler Unternehmen.

Vorteile:

Nachteile:

Autor:
Andrej Keller

8 Globale Wirtschaft und Entwicklung
Kopiervorlagen Politik
ISBN: 978-3-12-800488-4

Digital ist besser!? – Die Vernetzung der Welt

Der Siegeszug der Digitalisierung führte zu einer explosionsartigen Vernetzung rund um den Globus. So zählt die grenzüberschreitende digitale Kommunikation als wesentliches Signum des Globalisierungsprozesses. Mittlerweile gilt der Besitz von Computer und Mobiltelefon als Grundbedürfnis, um soziale, ökonomische und politische Teilhaberechte wahrzunehmen. Auch führte die Digitalisierung zu gewaltigen Wachstums- und Modernisierungsimpulsen auf den globalen Märkten. Gleichzeitig werden aber auch Schattenseiten diskutiert.

M1 Digitale Vernetzung weltweit

shutterstock (Sergey Nivens), New York, NY

A1 Globalisierung als Kommunikationsrevolution! Erläutern Sie ausgehend von M1 die Bedeutung digitaler Kommunikation für den Globalisierungsprozess.

A2 Erosion politischer Monopole! Informieren Sie sich über die Rolle von Facebook und Co. für politische Freiheitsbewegungen (z. B. „Arabischer Frühling" 2011).

A3 Vernetzte Schattenseiten! Diskutieren Sie mögliche Gefahren für Mensch und Gesellschaft, die der digitalen Revolution innewohnen (können).

Autor:
Andrej Keller

ISBN: 978-3-12-800488-4

Name Klasse Datum

Recherche/Linktipp
Fairtrade
g8v575

Fairer Handel – weltweit

A1 Armut – Folge der Globalisierung?
Wenn die Weltmarktpreise für Güter wie Baumwolle, Kaffee oder Bananen zurückgehen, geraten in den Erzeugerländern die Bauern und Arbeiter auf den Plantagen unter Druck. Zeichnen Sie einen Teufelskreis der Armut, der ihnen droht. →

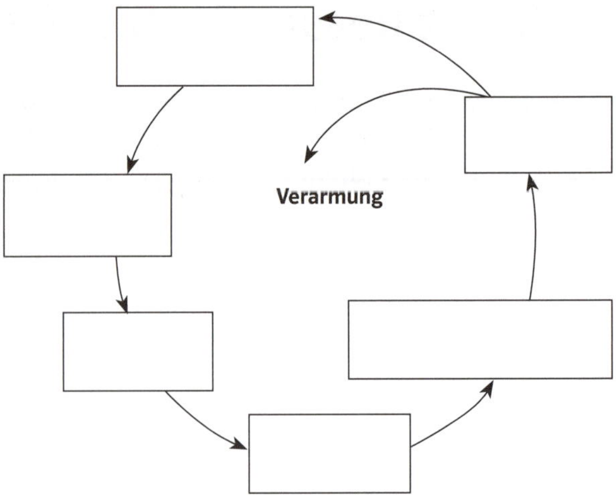

M1 TRANSFAIR ist Entwicklungszusammenarbeit

„Rund 1,3 Millionen Kleinbauern und Arbeiter sowie ihre Familien in Lateinamerika, Afrika und Asien profitieren bereits vom Fairen Handel. Fairtrade ist ein gemeinnütziger Verein, der 1992 von angesehenen Institutionen gegründet wurde. Er handelt nicht selbst mit Waren, sondern überprüft im internationalen Verbund die Einhaltung bestimmter Kriterien für soziale und ökologische Nachhaltigkeit. Wer sie erfüllt, erhält das Siegel für fair gehandelte Produkte.

Fairer Handel lohnt sich für alle:

- Bauernfamilien können ihre Produkte zu fairen Preisen verkaufen.
- Pflücker und Plantagenarbeiterinnen erhalten garantierte Mindestlöhne.
- Importeure im Norden beziehen qualitativ hochwertige Produkte von zuverlässigen, motivierten Handelspartnern im Süden.
- Konsumenten genießen ausgesuchte und wohlschmeckende Lebensmittel. Sie leisten über den Einkaufskorb einen persönlichen, aktiven Beitrag zur Entwicklungszusammenarbeit."

Die Entwicklungshilfe an Bedingungen knüpfen. Zit. nach: Rainer Herrmann im Interview mit Matthias Leibbrand. In: Frankfurter Allgemeine Zeitung (FAZ) Nr. 56 v. 08.03.2011, S. 10. © Frankfurter Allgemeine Zeitung GmbH 2011. Alle Rechte vorbehalten (Auszug).

A2 Fairer Handel – eine Strategie zur Armutsbekämpfung?

a) Welche Fairtrade-Produkte kennen Sie? Welche haben Sie schon gekauft?

____

____

b) Sind Sie bereit, für fair gehandelte Waren mehr als für konventionelle zu zahlen?

☐ ja, weil ______________________________

☐ nein, weil ______________________________

c) Recherchieren Sie und stellen Sie in kleinen Gruppen ein konkretes Fairtrade-Projekt in der Klasse vor. Halten Sie den Fairtrade-Gedanken für geeignet, die weltweite Armut zu bekämpfen? Begründen Sie Ihre Meinung.

____

____

____

____

____

Autor:
Thomas Schwörer
8 Globale Wirtschaft und Entwicklung
Kopiervorlagen Politik
ISBN: 978-3-12-800488-4

Name Klasse Datum

Wachsende Städte

Die Verstädterung der Welt

Zu Beginn des 20. Jahrhunderts gab es auf der Welt elf Städte mit mehr als einer Mio. Einwohnern. 1950 waren es 80, 1990 schon 276, 2000 fast 400, und 2015 werden es wahrscheinlich 550 sein.
Die Weltbevölkerung stieg von 2,53 Mrd. Menschen im Jahr 1950 auf 6,83 Mrd. im Jahr 2009 und weiter auf schätzungsweise 9,15 Mrd. Menschen im Jahr 2050.
Der Anteil der Stadtbevölkerung betrug 1950 nur 28,8 % der Weltbevölkerung, 2014 aber schon 50,0 %, und er wird sich nach Schätzungen der UN/DESA bis 2050 auf knapp 69 % erhöhen.

A1 Wie entwickelt sich die Verstädterung der Welt?

a) Setzen Sie die Zahlenangaben zu den Millionenstädten der Welt, zum Bevölkerungswachstum und zum Anteil der Stadtbevölkerung in Entwicklungskurven um.

Anzahl der Millionenstädte auf der Welt

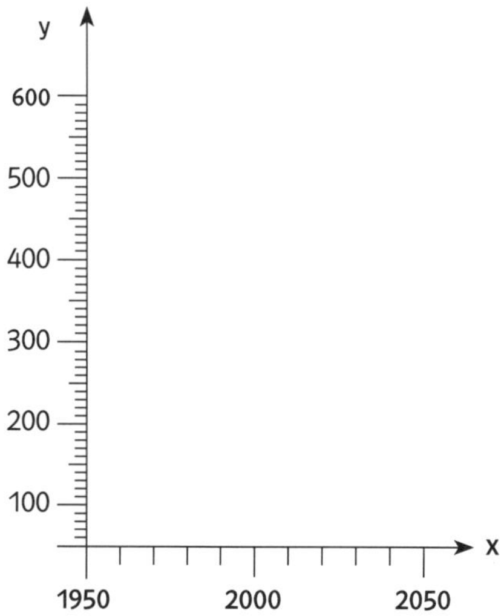

x = Zeitachse

Bevölkerungswachstum in Mrd. Menschen

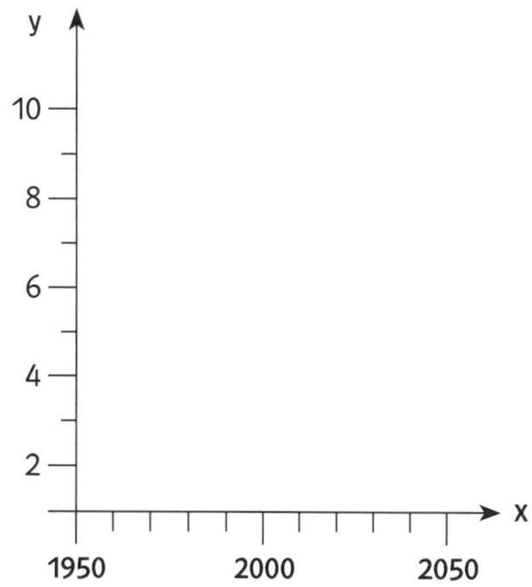

x = Zeitachse

Anteil der Stadtbevölkerung in Prozent der Weltbevölkerung

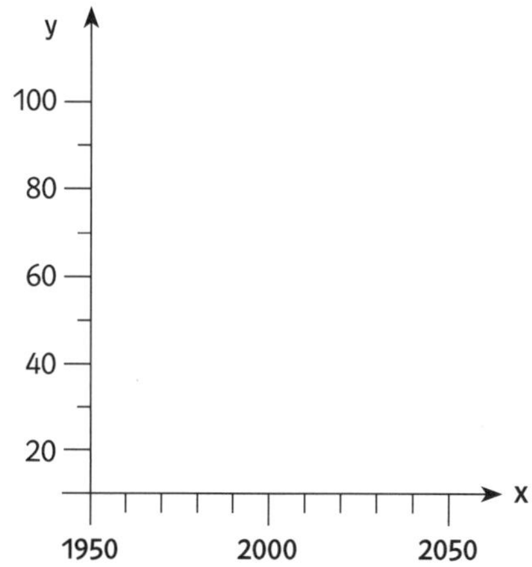

x = Zeitachse

b) Beschreiben Sie anhand der Kurven den Prozess der Verstädterung der Welt.

Autor:
Thomas Schwörer

ISBN: 978-3-12-800488-4

Name Klasse Datum

M1 Das unaufhaltsame Wachstum der Städte

„Der Verstädterungsprozess verläuft von Kontinent zu Kontinent unterschiedlich. In Europa lebt die Bevölkerung mehrheitlich in einem diffus urbanen Raum, wo die Städte ins zersiedelte Umland ausgreifen und sich vernetzen. In Europa gibt es nur wenige Ballungsräume, in denen sich wie in Greater London, Moskau oder im Großraum Paris mehrere Millionen Menschen zusammendrängen.
Auf den beiden amerikanischen Subkontinenten hingegen finden sich zahlreiche „Megacities“: Sao Paulo, Buenos Aires, Mexiko-Stadt, New York, Los Angeles haben alle mehr als 15 Millionen Einwohner.
In Asien beschleunigt sich derzeit das Tempo der Verstädterung. Im Jahr 2020 werden dort etwa zehn Megalopolen an die Zwanzig-Millionen-Grenze stoßen – unter anderem Mumbai (Bombay), Karatschi, Shanghai, Dhaka, Djakarta und Tokio.
In Ozeanien leben bereits 75 Prozent der Menschen in Städten.
In Afrika ist die Entwicklung der Städte regional unterschiedlich, doch gibt es auch hier riesige Ballungszentren wie Kinshasa, Kairo oder Lagos, wo im Jahr 1950 300 000 Menschen lebten, während es heute fast 10 Millionen sind.“

Das unaufhaltsame Wachstum der Städte. Zit. nach: Atlas der Globalisierung. Hrsg. v. Le Monde diplomatique. Berlin: TAZ-Verlag 2006, S. 34.

M2 Stadt- und Slumbevölkerung weltweit

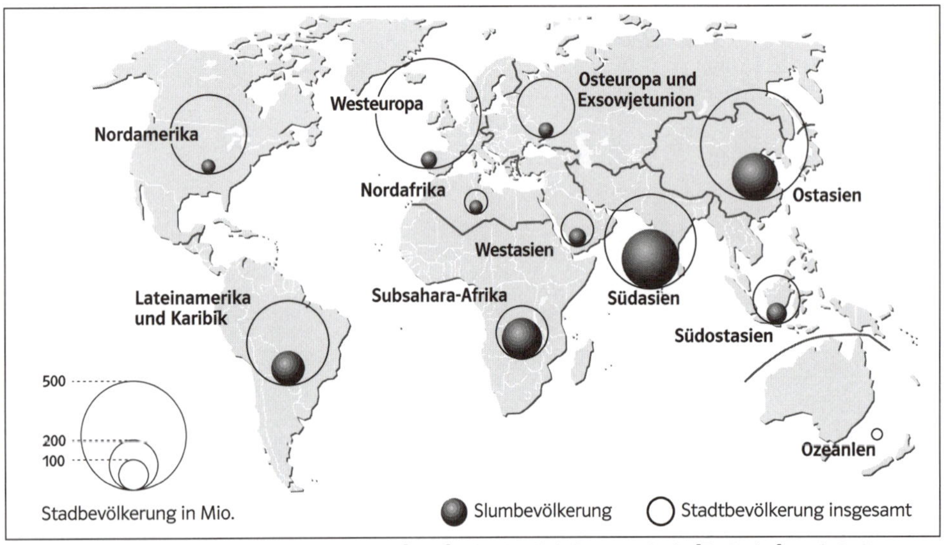

Le Monde diplomatique (Le Monde diplomatique [Hrsg.], Atlas der Globalisierung. Berlin [Taz Verlag] 2006), Berlin

A2 Welche Probleme ergeben sich aus dem Prozess der Verstädterung?

a) Tragen Sie in die Karte (M2) auf jedem Kontinent eine Millionenstadt ein. Nehmen Sie dafür einen Atlas und den oben stehenden Text zu Hilfe.

b) Nennen Sie je drei Probleme, die sich aus der Entwicklung für die wachsenden Städte im Norden und im Süden der Welt ergeben könnten. Begründen Sie Ihre Vermutungen.

Autor:
Thomas Schwörer

8 Globale Wirtschaft und Entwicklung
Kopiervorlagen Politik
ISBN: 978-3-12-800488-4

Name Klasse Datum

Hunger bekämpfen

M1 Vom Acker in den Abfall

Aus einer Pressemitteilung des World Wide Fund for Nature (WWF)

„Berlin – Zum Welt-Agrarministergipfel auf der Grünen Woche in Berlin fordert der WWF von den Landwirtschaftsministern der teilnehmenden Staaten, die Vernichtung von Nahrungsmitteln zu bekämpfen. Derzeit wird fast ein Drittel aller erzeugten Lebensmittel weggeworfen [...].

‚Die Agrarlobby redet immer davon, die Produktion auszuweiten: Mit mehr Pestiziden, mehr Gentechnik, mehr gerodetem Wald für neue Äcker', kritisiert WWF-Agrarexperte Matthias Meißner. ‚Dabei müssen wir zuerst die dutzenden Lecks stopfen, die unser Ernährungssystem hat. Wir können es uns nicht leisten, so viel Essen zu verschwenden, weder moralisch noch ökologisch.'

Nach wissenschaftlichen Schätzungen erzeugt die Landwirtschaft weltweit 4 600 Kilokalorien pro Tag und Mensch. Davon erreichen 1 400 Kalorien niemals einen Magen. ‚In schlecht entwickelten Ländern verlieren wir Essen durch falsche oder fehlende Lagerung und Verarbeitung', so Meißner. Diese sogenannten Nachernteverluste zwischen Landwirt und Verbraucher belasten nach Angaben des WWF die Umwelt unnötig und verschlimmern die weltweite Ernährungskrise. ‚Dort müssen die Handelsströme verbessert werden.'

In den reichen Industrienationen dagegen gehe es um einen Bewusstseinswandel: ‚Wir schmeißen Lebensmittel weg, die eigentlich noch essbar wären. Dies gilt für Supermärkte genauso wie für den Privathaushalt.' Allein in Großbritannien wanderten 14 Millionen Tonnen Lebensmittel jährlich aus Warentheke oder Kühlschrank direkt in den Müll.

Der WWF fordert die Agrarminister auf, den Aufbau vernünftiger Transport- und Verarbeitungsstrukturen in die Hand zu nehmen und dafür Geld bereitzustellen. Daneben müsse es gesetzliche Vorgaben für den Handel und Verbraucheraufklärung geben.

Verbrauchern rät WWF-Experte Meißner, planvoll einzukaufen und kein Essen wegzuwerfen. ‚Das würde helfen, die für 2050 vorhergesagten drei Milliarden Menschen mehr zu ernähren, ohne unseren ökologischen Fußabdruck über Gebühr zu vergrößern.' "

Vom Acker in den Abfall: Ein Drittel der Lebensmittel landet im Müll. Zit. nach: Pressemitteilung der Firma WWF – World Wide Fund For Nature v. 21.01.2011., Unter: http://www.wwf.de/presse/details/news/vom_acker_in_den_abfall_ein_drittel_der_lebensmittel_landet_im_muell/ (Zugriff 23.03.2011)
© WWF Deutschland 2011.

A1 Vom Acker in den Abfall?

a) Nennen Sie je zwei Gründe für die Vernichtung von Lebensmitteln.

bei den Erzeugern in Entwicklungsländern	im Handel der Industrieländer	bei den Verbrauchern in Industrieländern

b) Überlegen Sie sich Gegenmaßnahmen. Berücksichtigen Sie dabei auch die Forderungen des WWF-Experten Meißner (M1).

ISBN: 978-3-12-800488-4

Name Klasse Datum

A2 Maßnahmen gegen den Hunger in der Welt. Eine Gesamtübersicht

Was wird benötigt?	Wie lässt sich das erreichen?
Global • Frieden und politische Stabilität • gezielte Investitionen • offener Zugang zu Weltmärkten	
National • demokratische Strukturen • verbesserte Infrastruktur	
Sektoral • Erzeugung und Vertrieb von landwirtschaftlichen Produkten • Ausschöpfen des vollen Ernteertrags • Erhöhung der Agrarproduktivität	
Haushalt • gesichertes Mindesteinkommen • ausreichend Grundnahrungsmittel • Stärkung der Frauen • Verbesserung der Gesundheit	

Autor:
Thomas Schwörer
8 Globale Wirtschaft und Entwicklung
Kopiervorlagen Politik
ISBN: 978-3-12-800488-4

Flucht und Migration weltweit

Immer wieder kommt es im Mittelmeer zu Flüchtlingstragödien. Schlepperbanden schicken Flüchtlinge auf die lebensgefährliche Passage übers Mittelmeer nach Europa. Die italienische Insel Lampedusa steht stellvertretend für das Flüchtlingselend. Der EU wird in diesem Zusammenhang häufig eine Abschottungspolitik vorgeworfen.

M1 Start und Ziel globaler Migration

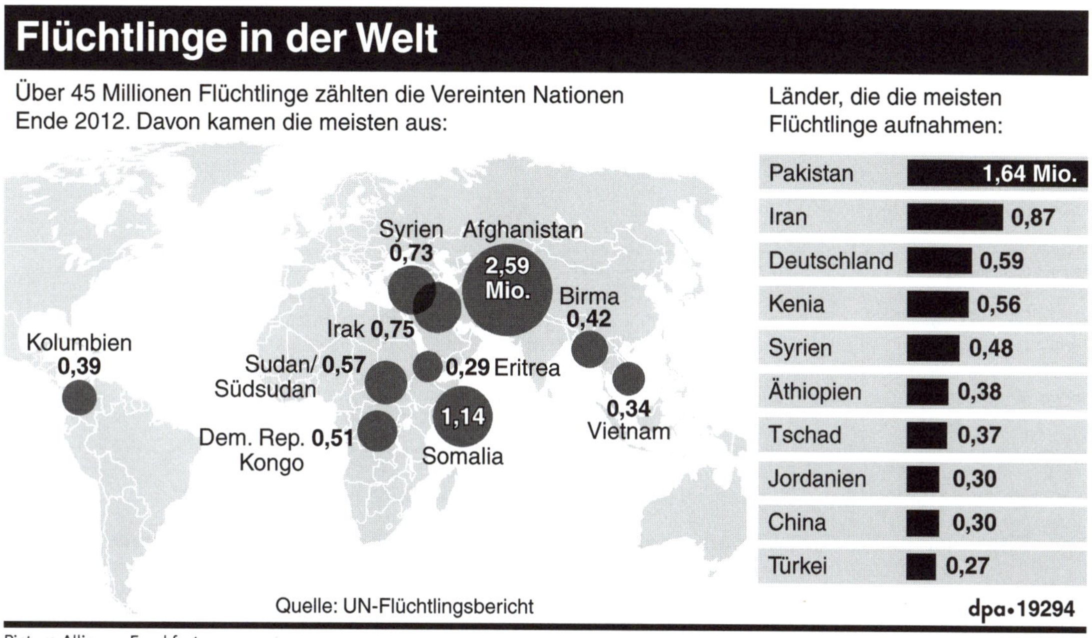

Picture-Alliance, Frankfurt

A1 Migration in Zahlen. Beschreiben Sie M1. Informieren Sie sich über die drei Staaten, aus denen die meisten Flüchtlinge stammten.

A2 Gründe für die Flucht! Zeigen Sie die wesentlichen Push- und Pull-Faktoren.

Push-Faktoren in Herkunftsländern	Pull-Faktoren in Zielländern

A3 Festung Europa?! Informieren Sie sich über die EU-Politik zur Eindämmung von Migration in den EU-Raum. →

ISBN: 978-3-12-800488-4

Name Klasse Datum

Die Vereinten Nationen

M1 Ziele und Aufgaben

Die Organisation der Vereinten Nationen (United Nations Organization = UNO oder kurz: UN) ist ein zwischenstaatlicher Zusammenschluss von inzwischen 193 Staaten der Welt.

Die wichtigsten Aufgaben der UNO sind

- die Bewahrung oder Wiederherstellung des Weltfriedens,
- die Förderung internationaler Zusammenarbeit zur Lösung gemeinsamer Probleme,
- der Schutz des Selbstbestimmungsrechts der Völker
- und die weltweite Garantie der Menschenrechte und Grundfreiheiten.

Die Arbeit der Vereinten Nationen findet in verschiedenen Institutionen statt. Das Machtzentrum der UNO ist der Sicherheitsrat.

Sicherheitsrat (USA, GB, F, Russland, China: ständige Mitglieder mit Sonderrechten)		Internationaler Gerichtshof	Sonderorganisationen	Unterorganisationen	
Friedenserhaltende Maßnahmen: Entsendung von Blauhelmen, Handelsembargo	Friedenserzwingende Maßnahmen: Entsendung von UNO-Streitkräften	Schlichtung von Streitigkeiten zwischen Staaten	**IWF:** Hilfen in Finanzkrisen und zur Wiederherstellung der Kreditwürdigkeit	**UNDP:** Koordination der internationalen Entwicklungshilfe	**UNHCR:** Schutz und Unterstützung von Flüchtlingen

UNO-Blauhelme sichern demokratische Wahlen im Kongo

Weltweite Armut nimmt zu!

Zeltlager für pakistanische Flutopfer errichtet

Bankrott Griechenlands abgewendet

Zivilisten in Libyen sollen geschützt werden

Irland gerettet!

Kroatien klagt Serbien des Völkermordes an

Bericht über die menschliche Entwicklung vorgelegt

Didier Drogba wird „Botschafter des guten Willens“

„Tag des Flüchtlings“ ausgerufen

A1 Aufgaben und Ziele der UNO

a) Ordnen Sie die Schlagzeilen mithilfe von Pfeilen den jeweiligen UN-Organisationen zu.

b) Informieren Sie sich über eines der Beispiele genauer und berichten Sie über die Arbeit der zuständigen UN-Organisation. →

c) Schließen Sie aus den Beispielen: Welche Ziele verbindet die UNO mit den jeweiligen Aktivitäten?

Autor:
Thomas Schwörer

9 Internationale Politik
Kopiervorlagen Politik
ISBN: 978-3-12-800488-4

Name Klasse Datum

Krieg führen für den Frieden?

Der UN-Sicherheitsrat kann die Mitgliedstaaten der UNO oder die NATO beauftragen, Streitkräfte in ein Land zu senden, wenn der Friede dort durch Krieg oder Terror bedroht ist.
Zu einer solchen Ausnahmesituation kam es im Frühjahr 2011. Der Sicherheitsrat erlaubte – erst zum zweiten Mal in der Geschichte der Vereinten Nationen – den Einsatz nahezu uneingeschränkter militärischer Gewalt gegen ein Mitgliedsland. Er verhängte eine Flugverbotszone über Libyen. Sie sollte dem „Schutz der Zivilbevölkerung dienen vor weiteren Angriffen der Luftstreitkräfte des Gaddafi-Regimes", so lautete die Begründung in der Resolution Nr. 1973.

A2 Der Sicherheitsrat – Machtzentrum der Vereinten Nationen

a) Warum ist eine Mitgliedschaft im Sicherheitsrat von großer Bedeutung?

b) Welcher Art war Deutschlands Mitgliedschaft im UN-Sicherheitsrat 2010/2011?

c) Warum hatte Deutschland für den Sicherheitsrat kandidiert?

d) Zu welchem Interessenkonflikt kam es im März 2011 im Sicherheitsrat?

e) Welche politischen Fragen wirft der Einsatz von Militärstreitkräften im Auftrag der UNO auf?

Autor:
Thomas Schwörer

ISBN: 978-3-12-800488-4

Internationaler Terrorismus

Nach Ende des Ost-West-Konflikts avancierte der islamistische Terrorismus zum wesentlichen Bedrohungsszenario für die internationale Sicherheit. Das von Failing States aus operierende Terrornetzwerk Al-Kaida unter Osama bin Laden veränderte durch verheerende Anschläge die Innen- und Außenpolitik der westlichen Welt. Der „Krieg gegen den Terror" führte u. a. zu Militäreinsätzen der westlichen Verbündeten in Afghanistan.

M1 Verbreitung von Al-Kaida

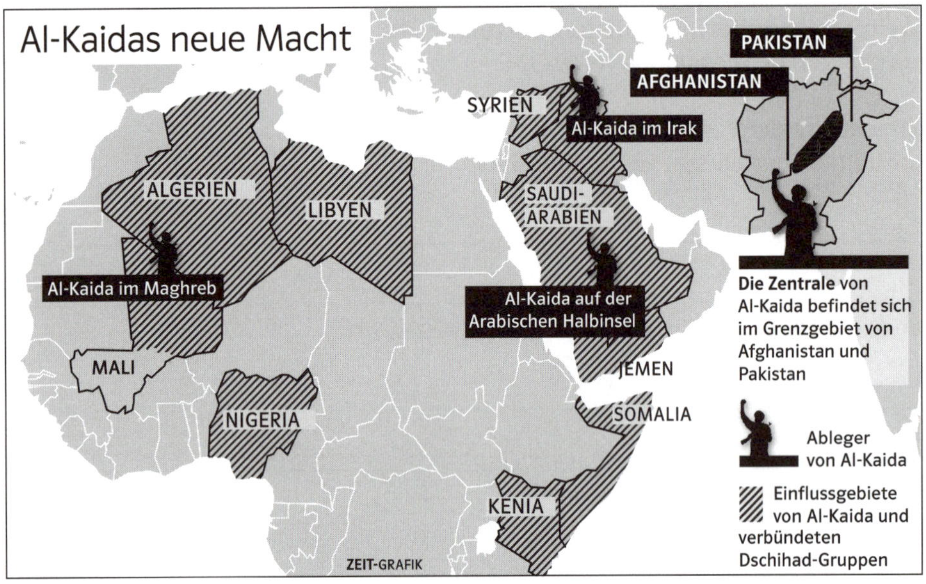

Zeitverlag Gerd Bucerius GmbH & Co, Hamburg

A1 Al-Kaida gilt seit Jahren als eine führende islamistische Terrorgruppe. Informieren Sie sich auch mithilfe der Grafik über das Terrornetzwerk.

Organisationsstruktur: ______________________________

____

Ziele: ______________________________

____

Strategie: ______________________________

____

A2 Neue Kriegsformen!? Der moderne Terrorismus folgt der Strategie der „asymmetrischen Kriegsführung". Erklären Sie diesen Begriff.

____

____

____

A3 Rückzugsgebiete „Failed States". Erklären Sie den Begriff.

____

____

____

Autor: Andrej Keller
9 Internationale Politik
Kopiervorlagen Politik
ISBN: 978-3-12-800488-4

Name Klasse Datum

Recherche/Linktipp
NATO
gg22b6

NATO – Schutzschirm oder stumpfes Schwert?

Der erste NATO-Generalsekretär, Lord Ismay, hatte die Kernaufgaben der NATO in den 1950er-Jahren mit den Worten beschrieben: „NATO keeps the United States in, the Soviet Union out and the Germans down." Mit dem Ende des Ost-West-Konflikts wandte sich die NATO neuen Betätigungsfeldern zu, wie z. B. dem Antiterrorkampf, der Stabilisierung von Failing States oder dem Cyber-War. Durch die Aufnahme osteuropäischer Staaten wuchs die NATO auf mittlerweile 28 Mitglieder an. Diese Ausdehnung führt zunehmend zu einem gespannten Verhältnis mit der Atommacht Russland.

A1 Neue Aufgaben für Kalte Krieger!? Erläutern Sie die strategische Neuausrichtung der NATO nach Ende des Ost-West-Konflikts.

Jürgen Janson, Landau

M1 **NATO und Russland – ein gestörtes Verhältnis?**

A2 Schwieriges Verhältnis! Interpretieren Sie die Karikatur vor dem Hintergrund der Beziehungen zwischen Russland und der NATO.

Autor:
Andrej Keller
9 Internationale Politik
Kopiervorlagen Politik
ISBN: 978-3-12-800488-4

Recherche/Linktipp
Bundeswehr
7yy5ku

Bundeswehr – eine neue Armee?

Die Bundeswehr durchlief nach Ende des Ost-West-Konflikts einen immensen Umstrukturierungsprozess. Standortschließungen, Reduktion der Mannschaftsstärke und die Aussetzung der Wehrpflicht waren die administrativen Antworten auf die neue Aufgabenstruktur im Angesicht von zunehmenden Auslandseinsätzen. Die Ausrichtung der Bundeswehr basiert auf den Säulen einer multinationalen, multidimensionalen und multilateralen Strategie. Demnach unternimmt die Bundeswehr keine Alleingänge, handelt im Rahmen eines vernetzten Sicherheitskonzepts und agiert innerhalb von multilateralen Organisationen wie UNO, NATO oder EU.

A1 Veränderte Armee! Informieren Sie sich über wesentliche Punkte der aktuellen Bundeswehrreform.

A2 Afghanistaneinsatz! Beziehen Sie vor dem Hintergrund der Karikatur kritisch Stellung zu den Zielen und Erfolgen des Afghanistaneinsatzes der Bundeswehr.

M1 Bundeswehr – Einsatz für die gute Sache?

DFG-VK Gruppe Mainz, Mainz

A3 Ende der Interventionen! Diskutieren Sie die These, die Ära der Auslandseinsätze nach altem Stil neige sich dem Ende entgegen.

Autor:
Andrej Keller

9 Internationale Politik
Kopiervorlagen Politik
ISBN: 978-3-12-800488-4

Name Klasse Datum

Recherche/Linktipp
Hexagon/NGOs
69t3wd

NGOs – Akteure der internationalen Politik

Unter NGOs („Non-Governmental Organisation“) werden zivilgesellschaftliche Organisationen verstanden, die von Bürgern mit einem gemeinsamen Interesse und auf ein gemeinsames Ziel hin gegründet wurden. NGOs können sowohl lokal, national oder international organisiert und tätig sein. Ihr Ziel ist es, Bürgeranliegen bei Regierungen vorzubringen und das politische Engagement der Bevölkerung in eine bestimmte Richtung zu lenken. NGOs stellen Sachverstand zur Verfügung, prangern Missstände an und beobachten internationale Übereinkünfte. NGOs widmen sich in der Regel bestimmten Einzelthemen.

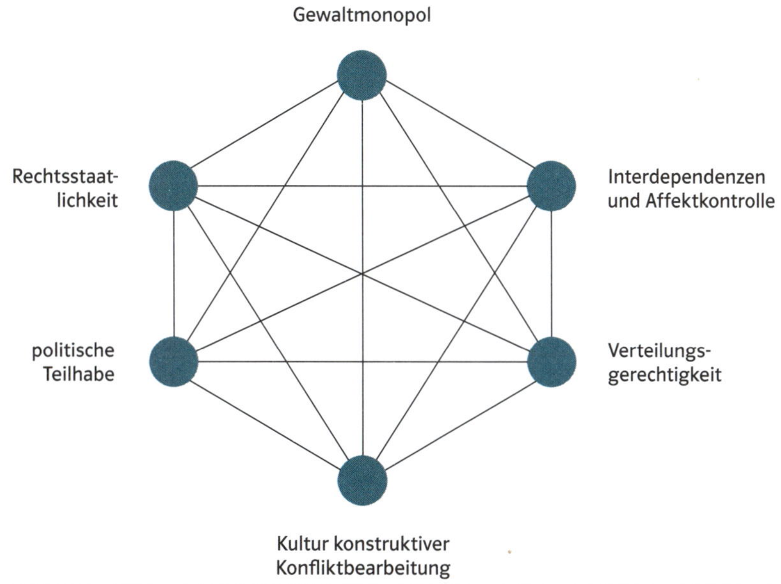

M1 Zivilisatorisches Hexagon

A1 NGOs – ein Beitrag zur friedlichen Zivilgesellschaft!? Informieren Sie sich über die Bedeutung des „Zivilisatorischen Hexagons“. Diskutieren Sie die Rolle der NGOs im Zivilisatorischen Hexagon.

A2 NGOs – zwischen Utopie und Kontrolle! Diskutieren Sie Pro und Kontra des zunehmenden Einflusses von NGOs auf die internationale Politik.

Pro	Kontra

Autor:
Andrej Keller

ISBN: 978-3-12-800488-4

Menschenrechte – weltweit

1948 hatte die UN-Vollversammlung unter dem Eindruck der Schrecken des Zweiten Weltkrieges die „Allgemeine Erklärung der Menschenrechte" beschlossen. Neben den klassischen Freiheits- und Schutzrechten finden sich dort auch Gleichheits- und Sozialrechte. In den letzten Jahrzehnten sind zu diesen Individualrechten noch sogenannte Kollektivrechte hinzugekommen – etwa das Recht auf eine eigene Entwicklung und auf eine intakte Umwelt.
Menschenrechte wandeln sich und müssen neuen Herausforderungen angepasst werden. Von ihrem Grundgedanken her („Alle Menschen sind gleich") beanspruchen sie weltweit Gültigkeit.

A1 Drei Generationen von Menschenrechten

a) Tragen Sie in jede Spalte zwei bis drei passende Beispiele ein.

„erste Generation": Freiheits- und Schutzrechte	**„zweite Generation": Gleichheits- und Sozialrechte**	**„dritte Generation": Entwicklungsrechte**
Schutz vor staatlichen Eingriffen in die persönliche Rechtssphäre, z. B.	Fürsorge des Staates für seine Bürger, z. B.	Wohlfahrtsziele der Staatengemeinschaft, z. B.

b) Überlegen Sie gemeinsam, welche Probleme sich bei der Verwirklichung der Menschenrechte der zweiten und dritten Generation ergeben.

____

____

____

A2 Bedingungen für Entwicklungshilfe? Lesen Sie den Interview-Auszug (M1) und formulieren Sie in Partnerarbeit auf einer DIN-A4-Seite die Bedingungen, an die Sie Entwicklungshilfe knüpfen würden.

M1 Entwicklungshilfe an Bedingungen knüpfen

„**Rainer Hermann:** Wäre es besser, autokratisch und diktatorisch regierten Staaten keine Entwicklungshilfe zu geben, Herr Leibbrand?

Matthias Leibbrand: Das würde ich nicht generalisieren. Wir wollen ja den Menschen helfen und Einfluss auf diese Länder nehmen. Sobald aber Korruption auftaucht und man sie hinnimmt, zementiert man sie. Eine zweite Gefahr ist, dass wir die Hilfen zu wenig werteorientiert gegeben haben. Wir müssen bei Menschenrechtsverletzungen die Hilfen einstellen und uns dabei mit den anderen Gebern abstimmen. Es reicht nicht, für ein Projekt lange englischsprachige Dokumente aufzusetzen […]. Hilfreicher wären kurze, prägnant formulierte Menschenrechtsstandards auf einer DIN-A4-Seite als Voraussetzung für eine Projektdurchführung. […]"

Matthias Leibbrand hat von 2001 bis 2010 als Entwicklungshelfer und Regierungsberater im Jemen gearbeitet und gründete die Entwicklungshilfeorganisation Vision Hope International.

Die Entwicklungshilfe an Bedingungen knüpfen. Rainer Herrmann im Interview mit Matthias Leibbrand. In: Frankfurter Allgemeine Zeitung (FAZ) Nr. 56 v. 08.03.2011, S. 10 © Frankfurter Allgemeine Zeitung GmbH 2011. Alle Rechte vorbehalten. (Auszug)

Autor: Thomas Schwörer

9 Internationale Politik
Kopiervorlagen Politik
ISBN: 978-3-12-800488-4

Name Klasse Datum

Recherche/Linktipp
China
cn25tp

China – die neue globale Führungsmacht?

China gilt heutzutage als führendes Schwellenland und als zukünftige globale Führungsmacht. Das Land hat sich zu einem bedeutenden Absatzmarkt und Produktionsstandort entwickelt. Im Kontrast zur ökonomischen Liberalisierung steht der politisch-repressive Führungsanspruch der Kommunistischen Partei.

A1 Chinesisches Wirtschaftsmärchen?! Erläutern Sie die wesentlichen Gründe für die enorme Dynamik der chinesischen Volkswirtschaft.

M1 China und USA im Vergleich

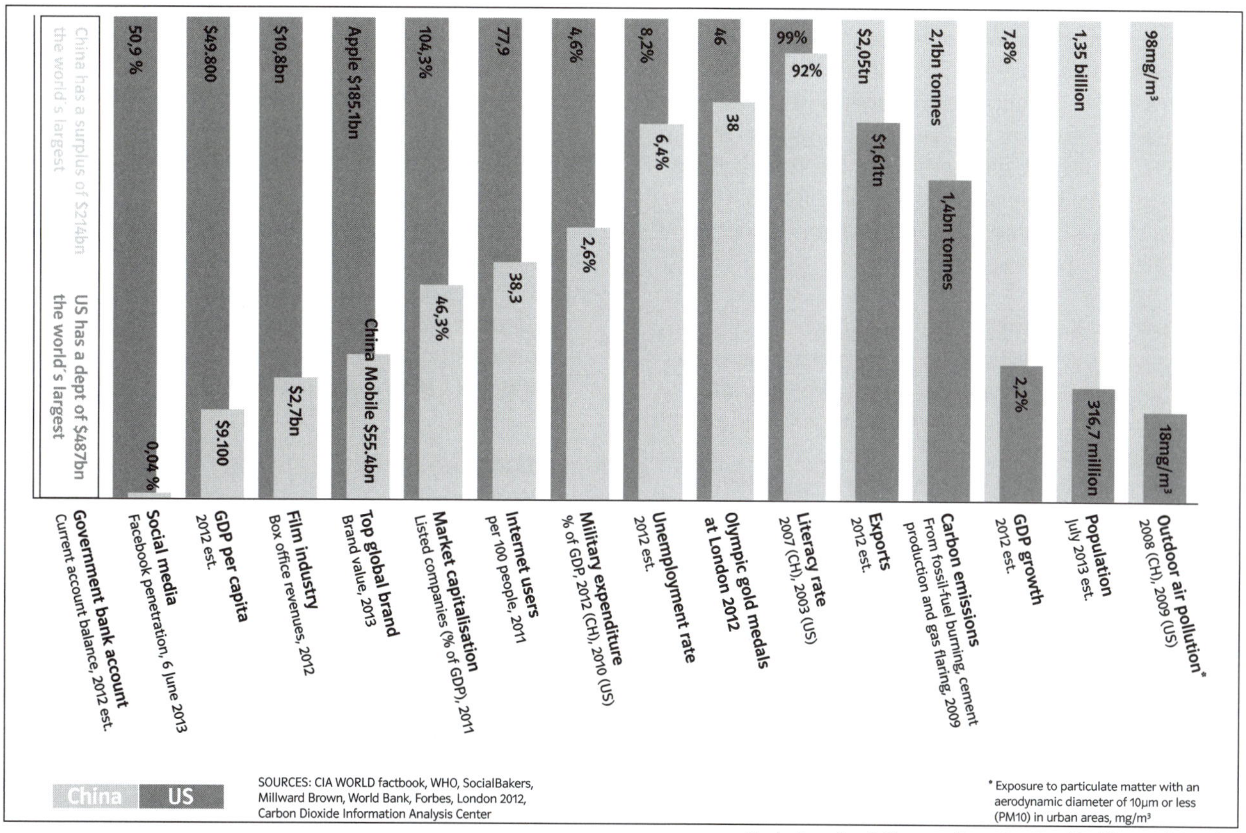

Nach: Guardian & Observer News Services (Paul Scruton), London

A2 Machtwechsel?! Vergleichen Sie mithilfe von M1 die USA und China miteinander. Diskutieren Sie die These, dass China die USA in naher Zukunft als Führungsmacht im globalen Maßstab ablösen wird.

Autor:
Andrej Keller
9 Internationale Politik
Kopiervorlagen Politik
ISBN: 978-3-12-800488-4

1 Jugend und Familie

Familie im Wandel

A1 Familie – nein danke?

Die Familiengründung wird aufgeschoben, weil die Wege in den Beruf und in ein unbefristetes Arbeitsverhältnis länger geworden sind. Junge Frauen wissen, dass auf ihnen die Hauptbetreuungslast liegen wird und warten auf den richtigen Zeitpunkt für die „Babypause". Der kommt dann evtl. nicht mehr.

A2 Beruf – nein danke?

70,6 % aller Haushalte mit Kindern unter 18 Jahren und zwei erwerbstätigen Partnern folgte 2010 einem Familienmodell, wonach der Mann Vollzeit und die Frau Teilzeit arbeitet. Hingegen gibt es den umgekehrten Fall bei nur 2 % aller Fälle. Frauen steckten also im Jahr 2010 immer noch in der überwiegenden Mehrheit der Fälle zugunsten der Familie beruflich zurück.
Daraus kann geschlussfolgert werden, dass in Bezug auf die erhobenen Haushalte ein traditionelles Familienmodell im Jahr 2010 in Deutschland vorherrschte. Dies kann daran liegen, dass es zu wenige Betreuungsmöglichkeiten außerhalb der Familie gab und zu wenige Väter sich aus traditionellen Rollenmustern lösen wollten. Mithin können aber auch Lohnunterschiede zwischen Männern und Frauen als Grund vermutet werden.

A3 Kinder und Karriere?

Die Betreuung/Versorgung von Kindern war/ist immer noch überwiegend Aufgabe der Mütter, weil es u. a.
- zu wenig Betreuungsmöglichkeiten für Kinder außerhalb der Familie gab,
- noch zu wenige Väter gibt, die sich aus überholten Rollenmustern lösen,
- es noch gravierende Lohnunterschiede zwischen Männern und Frauen gibt.

Der Rechtsanspruch auf einen Betreuungsplatz soll es v. a. Frauen mit Kindern ermöglichen, besser entscheiden zu können, wie sie ihre Erwerbsbiografie gestalten wollen. Karriere und Kinder sollen keinen Widerspruch bilden. Es ist anzunehmen, dass die Daten aus M3 sich zugunsten einer stärkeren Frauenerwerbsarbeit verändern. Die Lernenden können auch eine Recherche nach diesbezüglich aktuellen Daten beginnen.

A4 Gerechte Arbeitsteilung im Haushalt?

Beachten Sie: Die Frage zielt auf ein „partnerschaftliches" Lebenskonzept, nicht auf die gegenwärtige Arbeitsteilung im Haushalt.

Familienmodelle

A1 Gibt es „die" Familie noch?

- Kinder mit ihren leiblichen verheirateten oder nicht verheirateten Eltern
- Pflege- oder Adoptiveltern, die nicht leibliche Kinder aufnehmen
- Kinder mit ihren alleinerziehenden Müttern oder Vätern
- „Regenbogenfamilien" (Kinder mit zwei gleichgeschlechtlichen Partnern bzw. Partnerinnen
- „Patchworkfamilien" (mindestens ein Kind aus früherer Beziehung eines Elternteils)

Die „eine" Familie gibt es nicht mehr, da alle Formen von Familie nach wie vor dieselben Funktionen für das einzelne Kind und die Gesellschaft erfüllen (sollen), da inzwischen eine große Vielfalt an Familienmodellen existiert.

A2 Ursachen des Wandels?

Wertewandel/Individualisierung → „Normalbiografien" werden immer mehr zu „Wahlbiografien" mit einer großen Anzahl individueller Auswahl- und Entscheidungsmöglichkeiten. Damit einher geht der Wandel der Ehe, die keine materielle Notwendigkeit mehr darstellt. Dies ist v. a. in der zunehmenden Emanzipation der Frau und einem veränderten Rollenbild (steigende Bildungsbeteiligung und Erwerbstätigkeit) begründet. Zudem steigt auch generell die gesellschaftliche Akzeptanz alternativer Lebensformen. Der Kinderwunsch kann besser kontrolliert werden und ist keine Notwendigkeit mehr für z. B. Altersvorsorge.

A3 Konsequenzen des Wandels?

- Gewährleistung einer Vereinbarkeit von Berufs- bzw. Karrierewünschen und Familie (z. B. Ausbau der Kinderbetreuung)
- gleichberechtigte Unterstützung und Förderung auch alternativer Familienmodelle ohne Benachteiligungen (z. B. Anerkennung gleichgeschlechtlicher Partnerschaften und Möglichkeiten zur Adoption von Kindern)
- Gewährleistung vergleichbarer Entwicklungschancen für Kinder (z. B. Kindergrundsicherung)

Jugendkulturen

A1 Jugendkulturen – von Bedeutung?

Bedeutung für den Einzelnen	Bedeutung für die Jugendlichen einer Generation
• Jugendkulturen bieten Orientierung • dienen als Sozialisationsinstanz/tragen zur Entwicklung eigener Identität bei (Individualität/Kreativität) • bieten Gefühl von Zugehörigkeit und Geborgenheit, bei Abgrenzung vom Elternhaus und der Erwachsenengeneration insgesamt	• Akzeptanz und Einfluss einer Jugendkultur auf eine Generation sind sehr unterschiedlich • sie können sich als meinungsbildende Gruppen/kulturelle Vorbilder etablieren, an denen sich Jugendliche orientieren oder aber auch abgrenzen

A2 Hipster – eine Jugendkultur der Gegenwart?

Individualistische und eher apolitische Einstellung; Arbeit an „Projekten" als Verweis auf eher prekäre Beschäftigungsverhältnisse (v. a. in der Kultur- und Kreativbranche); Besuch illegaler Open-Airs und Nutzung sozialer Medien als typische Freizeitaktivitäten; Affären als Hinweis auf freiheitliche sexuelle Vorstellungen; typische Modeaccessoires: Jutebeutel, Röhrenjeans, Nerdbrillen; Konsum bestimmter Getränke: z. B. Mate. In Bezug auf den Hipster fällt auf, dass diese Bezeichnung, die v. a. in den Medien kursiert, inzwischen eher abfällig verwendet wird. Insofern ist das ein Beispiel dafür, wie eine Gruppe, die sich durch einige gemeinsame Merkmale auszeichnet, von außen kategorisiert wird.

A3 Jugendkulturen der Gegenwart – Charakteristika.
individuelle Schülerlösung

A4 Jugendkulturen vor Ort.
individuelle Schülerlösung

Suchtgefahr

Die Beschäftigung mit dem Erfahrungsbericht eines jungen Mannes, der versucht, mit dem Grasrauchen aufzuhören, dient folgendem Zweck: Hier soll neben die Informationen auf der objektiven Wissensebene auch subjektives Erfahrungswissen von etwa Gleichaltrigen gestellt werden – in der Hoffnung, dass beides sich gegenseitig verstärkt.

Soziales Engagement von Jugendlichen

A1 „Liegt im Trend: Aktiv sein für andere!"
Die These stimmt. Alle im Diagramm erfassten Bereiche zeigen ein zunehmendes Engagement von Jugendlichen. Ein Blick auf die Bereiche, in denen Jugendliche aktiv sind, zeigt, dass Aktivitäten für Jugendliche und hierbei für eine sinnvolle Freizeitgestaltung besonders zugenommen haben. Das kann auch ein Hinweis darauf sein: Hier hat die öffentliche Hand in den letzten Jahren gespart!

A2 Wo würden Sie sich engagieren?
individuelle Schülerlösung

A3 Warum engagieren sich Jugendliche?
Jugendliche zeigen eine hohe Bereitschaft zum Engagement in ihrem unmittelbaren Umfeld – z. B. wenn es um die Gestaltung von Jugendzentren oder öffentlichen Plätzen geht oder wenn Themen mit übergreifendem Charakter verfolgt werden, etwa globale Gerechtigkeit, Ökologie und Umweltschutz, Rechtsextremismus.
Motive für ehrenamtliches Engagement können sein: Zusammenarbeit mit Gleichgesinnten, Einsatz für gesellschaftliche und politische Interessen (als Arbeitnehmer, für soziale Belange, für Freizeitinteressen …), Freizeitgestaltung, soziales Engagement vor Ort, Sinngebung für das eigene Leben, Ausgleich zu Schule und Beruf.

Mediennutzung

A1 Sind Sie online?
individuelle Schülerlösung

A2 Risiken und Nebenwirkungen?
Das Bundesamt für Sicherheit in der Informationstechnik (BSI) gibt z. B. folgende Empfehlungen für die Nutzung von sozialen Netzwerken:

- mit persönlichen Informationen zurückhaltend sein
- sich über allgemeine Geschäftsbedingungen des Netzwerks und Bestimmungen zum Datenschutz informieren
- wählerisch sein bei Kontaktanfragen
- für jede Internetanwendung ein anderes Passwort verwenden
- keine Informationen über die eigene Arbeit und den Arbeitgeber preisgeben
- nicht wahllos auf Links klicken (Phishing!)
- kritisch prüfen, welche Rechte man den Betreibern an eingestellten Bildern, Texten und Informationen
- einräumen möchte
- bei zweifelhaften Anfragen sich außerhalb des Netzwerks nach der Vertrauenswürdigkeit erkundigen

A3 Gewinner oder Verlierer?
a) „Loser" der Informationsgesellschaft sind Menschen, die den Umgang mit den neuen Techniken entweder gar nicht beherrschen oder diese nicht zielgerichtet nutzen können. Die Vielfalt der neuen Eindrücke und das unüberschaubare Informationsangebot erzeugen bei ihnen Verwirrung und Planlosigkeit. Sie lassen sich durch die neuen Medien manipulieren, zum Geldausgeben verleiten und verschwenden ihre Zeit mit wahllosem Surfen oder endlosen Spielen.
b) Jeder sollte die Möglichkeit haben, sich für den Umgang mit den neuen Medien zu qualifizieren. Dazu müssten Schule und Ausbildung (auch Weiterbildung) Gelegenheiten schaffen. Die Vermittlung von Medienkompetenz muss ein wichtiges Bildungsziel in der Informationsgesellschaft sein.

2 Bildung und Beruf

Angebot und Nachfrage – Lehrstellenmarkt

A1 Angebot und Nachfrage auf dem Lehrstellenmarkt?
Jugendarbeitslosigkeit zählt zu den drängendsten sozialpolitischen Herausforderungen einer Gesellschaft. Im Unterschied zu flexiblen Warenmärkten lassen sich auf einem Arbeitsmarkt Angebot und Nachfrage aber nicht so einfach steuern und über einen (Gleichgewichts-) Preis in ein ausgeglichenes Verhältnis bringen. Selbst wenn viele junge Erwachsene eine Ausbildungsstelle und zugleich viele Unternehmen Auszubildende suchen, kann es sein, dass das Angebot nicht den Vorstellungen der Jugendlichen entspricht. Oder die Arbeitgeber ihrerseits haben andere Vorstellungen von den Kompetenzen und der Qualifikation der Bewerber(innen). Beides lässt sich nicht so schnell ändern, sondern braucht Zeit, damit z. B. politisch gesetzte Anreize wirken können.

A2 Strafe zahlen?
Für eine Ausbildungsabgabe spricht, dass sich jeder Betrieb gut überlegt, ob er nicht doch ausbilden könnte. Gegen eine Ausbildungsabgabe spricht, dass Betriebe, die einfach keine geeigneten Bewerber finden können, doppelt gestraft wären.

A3 Überangebot?
Ähnlich wie auf einem Wohnungsmarkt, auf dem ein Überangebot herrscht und die potenziellen Mieter in

die komfortable Situation geraten, sich eine Wohnung unter vielen aussuchen und den Mietpreis (in bestimmtem Rahmen) mitbestimmen zu können, ist es für junge Erwachsene günstig, wenn viele Lehrstellen angeboten werden und die Zahl der Bewerberinnen sinkt. Allerdings nützt ihnen die Situation nur, wenn das Angebot vielfältig ist und sie die Qualifikation mitbringen, die gesucht wird.

Gefragt in Alltag und Beruf – Kompetenzen

A1 Sind Sie „fähig"?

Von oben nach unten in der Tabelle: Konfliktfähigkeit – Eigenverantwortung – Teamfähigkeit – Einfühlungsvermögen – Handeln mit Weitblick – Reflexionsfähigkeit – Belastbarkeit – Offenheit – Initiative – Fleiß/Selbstdisziplin – Kommunikationsfähigkeit – Lernbereitschaft

A2 Mehr als fachlich kompetent!

individuelle Schülerlösung
Den Lernenden soll die Notwendigkeit sogenannter „Soft Skills" anhand eines von ihnen bestimmten Berufsbildes deutlich werden. Soziale Kompetenzen sind vor dem Hintergrund einer Vielzahl ineinandergreifender Arbeitsprozesse im Wirtschaftsleben und immer komplexer werdenden Team- und Aufgabenstrukturen bedeutend.

Lebenslang lernen

A1 Bildung ist teuer!?

a) 9,4 % (97,– € x 100 / 1035,– €)
b) 75,7 % (783,– € x 100 / 1035,– €)
c) „Lernen in der Arbeitssituation" („Training on the job") = Unterweisungs- und Schulungsmaßnahmen durch Vorgesetzte oder Kolleginnen

A2 Bildung lohnt sich!?

Unternehmen	Mitarbeiter
• Arbeitsabläufe und -ergebnisse verbessern • Wettbewerbsfähigkeit steigern • Mitarbeiterpotenziale ausschöpfen	• Aufstiegschancen nutzen • den eigenen Arbeitsplatz sicherer machen • Motivation und Arbeitszufriedenheit steigern

A3 Mein „lebenslanger Lernweg".

individuelle Schülerlösung

Was ein Studium bringt!

A1 Lohnt sich ein Studium?

Die Statistik verdeutlicht den Zusammenhang zwischen Bildungsabschluss und durchschnittlichem Brutto-Jahreslohn. Dabei zeigt sich, dass ein Hochschulabschluss bereits einige Jahre nach dem Berufseinstieg (der jedoch später stattfindet) zu einem deutlich höheren Einkommen führt. Ein Studium lohnt sich finanziell und mittelfristig also. Zu beachten ist u.a., dass die Statistik auf aktuellen Durchschnittswerten basiert und damit weder für alle Studiengänge gilt, noch als Prognose misszuverstehen ist.

A2 Argumente für und gegen das Studieren.

Argumente für ein Studium	Argumente gegen ein Studium
• höheres Einkommen über die gesamte Lebensspanne • bessere Aufstiegschancen im eigenen Unternehmen • reagiert auf Anforderungen der Wissensgesellschaft • Studienzeit bringt neue Erfahrungen und Kontakte	• kein/geringes Einkommen während der Studienzeit • ggf. Aufgeben eines Jobs für die Investition Studium • immer mehr junge Menschen studieren, dadurch kommt es zu einem Mangel an Fachkräften

A3 Studieren mit oder ohne Hochschulreife: Möglichkeiten.

Die Internetseite www.studieren-ohne-abitur.de bietet umfassende Informationen zum Thema „Studieren ohne Hochschulreife".

Arbeitswelt im Wandel

A1 Wie wirkt sich der technische Fortschritt in der Arbeitswelt aus?

a) Auswirkungen von technischen Veränderungen auf den Arbeitsprozess: 1. Rationalisierung 2. Qualitätssteigerung 3. Arbeitserleichterung 4. Flexibilität 5. Ort- und Zeitunabhängigkeit der Arbeit
b) Der Begriff „Informationsgesellschaft" hat sich als Sammelbegriff für eine moderne hoch technisierte Arbeitsgesellschaft eingebürgert, die auf dem Einsatz von Informations- und Kommunikationstechnologie (IKT) in den verschiedensten Bereichen von Wirtschaft und Gesellschaft beruht.

A2 Welche neuen Anforderungen ergeben sich aus dem ökonomischen Wandel für den arbeitnehmenden Menschen?

Mehr und anderes Fachwissen („lebenslanges Lernen"), Eigeninitiative und selbstständiges Arbeiten, soziale Kompetenzen, zeitliche Flexibilität und räumliche Mobilität.

A3 Wie entwickelt sich die Gesellschaft?

	Agrargesellschaft	Industriegesellschaft	Informationsgesellschaft
Hauptziel	Überleben, Erfüllen der Grundbedürfnisse	Sicherheit	Lebensqualität
Transport	zu Fuß, Pferdewagen, Kutsche	öffentliche Verkehrsmittel: Bus, Bahn, Auto	Auto, Hochgeschwindigkeitszug, Flugzeug
Medien	Zeitung/Zeitschrift	Zeitung/Zeitschrift, Radio, Fernsehen	Zeitung/Zeitschrift, Fernsehen, Internet
Kommunikation	Brief, persönliche Nachricht	Brief, Telefon	Handy, SMS, E-Mail, Fax
Zusammenleben	Mehr-Generationen-Familie	Kleinfamilie, die viele soziale Aufgaben auslagert	Kleinfamilie, verschiedene Formen von Partnerschaft

Berufsbilder in der digitalen Welt

A1 Veränderte Arbeit?
Facharbeit wird zunehmend geprägt und verändert durch die modernen Informations- und Kommunikations-Technologien (IuK). Dabei gewinnt die situationsabhängige Beschaffung und problemorientierte Anwendung sowie der Austausch von Wissen an Bedeutung. Für die Beschäftigten resultiert daraus die Notwendigkeit permanenter Weiterbildung und des Erwerbs überfachlicher Kompetenzen v.a. auch im Umgang mit IuK.

A2 Veränderte Arbeitskraft?
Industrie 4.0 ist ein Projekt der Bundesregierung, mit dem die Vernetzung und Digitalisierung der Produktionsabläufe in der Industrie gefördert werden soll. Intelligente Computersysteme steuern dabei effizient den gesamten Produktionsablauf von der Bestellung bis zur Auslieferung. Dadurch werden viele Tätigkeiten, die bisher Menschen ausübten, durch Maschinen ersetzt und Arbeitsplätze fallen weg. Trotzdem werden auch zukünftig noch Arbeiter(innen) benötigt, jedoch mit anderen und in der Regel höheren Qualifikationen.

A3 Vielfältige Arbeitsmöglichkeiten!

Tätigkeit	Hinweise: Das Internetangebot der Arbeitsagentur stellt unter *www.berufenet.arbeitsagentur.de* eine umfassende Übersicht über Berufe im Bereich IT mit allen notwendigen Informationen bereit. Eine didaktische Alternative zum Vorstellen der Berufe in der Klasse ist z. B. das Erstellen einer Stellenausschreibung für den jeweiligen Beruf, durch die die Voraussetzungen und benötigten Kompetenzen stärker in den Blick geraten.
Voraussetzungen	
Aktuelle Situation	

3 Soziale Sicherheit – soziale Gerechtigkeit

Armut in Deutschland

A1 „Absolut arm" oder „relativ arm"?
Absolute Armut: Arm ist, wer um das tägliche Überleben kämpfen muss. Relative Armut: Arm ist, wer weniger als die Hälfte des Durchschnitteinkommens zur Verfügung hat.

A2 Wer gilt als arm in Deutschland?
Als arm gilt in Deutschland, wer weniger als 50% des Durchschnittseinkommens im Jahr zur Verfügung hat (2013: 16.000 Euro).

A3 Welche gesellschaftlichen Gruppen in Deutschland sind besonders armutsgefährdet?
Besonders armutsgefährdet sind: Alleinerziehende, Arbeitslose, Personen mit geringer schulischer und beruflicher Qualifikation, Alleinlebende.
Mögliche Gründe sind: Arbeitslosigkeit (bes. Langzeitarbeitslosigkeit), Niedriglöhne („working poor"), steigende Zahl der Einpersonenhaushalte und Alleinerziehenden ohne ausreichendes Einkommen, Lücken im System der sozialen Sicherung (z. B. ungenügende familienpolitische Unterstützung von Kindern und Jugendlichen), Strukturwandel in den „neuen" Bundesländern.

A4 Was kann der Staat tun, um die betroffenen Problemgruppen zu unterstützen?
Eine besonders wichtige Aufgabe des Staates besteht darin, das gesunde Aufwachsen und die Bildungschancen von Kindern und Jugendlichen zu fördern, damit Armut sich nicht „vererbt".

A5 Was können die Bürger tun, um ihr Armutsrisiko zu verringern?
Jeder sollte dafür sorgen, dass er sich ausreichend für den Arbeitsmarkt qualifiziert.

A6 Wie lautet der Grundgesetzartikel, der die Bundesrepublik als Sozialstaat ausweist?
Art. 20 GG lautet:
(1) Die Bundesrepublik Deutschland ist ein demokratischer und sozialer Bundesstaat.

A7 Wie finanziert der Sozialstaat die Unterstützung der Bürger, die sich in Notlagen befinden?
Die finanziellen Sozialleistungen des Staates müssen von den Bürger(innen) bzw. Unternehmen erst erwirtschaftet werden, bevor sie verteilt werden können. Aus den Steuern und Beitragszahlungen der einen werden die Sozialleistungen für die anderen.

A8 Was verbirgt sich hinter den drei Sozialstaatsprinzipien?
Versicherungsprinzip: Leistungen erhält, wer als Pflichtversicherter Beiträge einbezahlt hat. Diese Leistungen werden aus den Beiträgen finanziert. Dieses Prinzip gilt für die gesetzliche Sozialversicherung: z. B. für die Kranken- und Pflegeversicherung.
Versorgungsprinzip: Leistungen erhält, wer besondere Leistungen für die Gemeinschaft erbringt. Diese Leistungen werden aus Steuermitteln finanziert: z. B. Eltern- und Kindergeld.
Fürsorgeprinzip: Leistungen erhält, wer in einer Notlage steckt. Diese Leistungen werden ebenfalls aus Steuermitteln finanziert: z. B. Arbeitslosengeld und Sozialhilfe. Dabei gilt der Grundsatz der Subsidiarität.

Neue Beschäftigung – atypisch und prekär?

A1 (Un-)übersichtliche Arbeitswelt?!
Leiharbeit: auch Zeitarbeit genannt. Der Arbeitgeber (die „Leiharbeitsfirma") überlässt einen Arbeitnehmer (den „Leiharbeitnehmer") einem Dritten (dem „Entleiher") gegen ein Entgelt zur Arbeitsleistung. Ab 2014 gilt der Mindestlohn von 8,50 € (West) und 7,80 € (Ost) pro Stunde.
Teilzeitarbeit: Ein Arbeitnehmer arbeitet regelmäßig kürzer als ein vergleichbarer Vollzeitarbeitnehmer (Vergleichskriterium ist Wochenarbeitszeit).
Geringfügige Beschäftigung, Minijob: Beschäftigung unter 50 Arbeitstagen im Jahr oder Entlohnung unter 450 € im Monat gilt als Minijob. Pauschalabgabe von 30% des Monatsgehalts an Steuern/Sozialabgaben vom Arbeitgeber.

A2 20 Jahre Bewegung auf dem Arbeitsmarkt!
Die Statistik M1 dokumentiert einen erheblichen Strukturwandel auf dem Arbeitsmarkt. Alle vier aufgezeigten Formen atypischer Beschäftigung nehmen von 1991 bis 2011 signifikant zu. Am häufigsten kam 2011 die Teilzeittätigkeit mit einem wöchentlichen Stundenumfang von bis zu 20 Stunden vor (5,0 Mio.). Befristet waren 2,8 Mio. Personen und geringfügig beschäftigt 2,7 Mio. Erwerbstätige. Zu den Leiharbeitern wurden 775.000 Arbeitnehmer gezählt. Mehrfachzählungen sind dabei allerdings möglich.
Prozentuale Zunahme von 1991–2011: Geringfügig Beschäftigte plus 310,0%; Teilzeitbeschäftigte plus 96,7%; befristete Beschäftigung plus 57,4%, Zeitarbeit seit 2006 bis 2011 plus 37,9% (nach anderen Zahlen seit 1994 um 650%).
Deutlich sind geschlechtsspezifische Unterschiede auszumachen. Außer bei der Zeitarbeit erreichen Frauen bei den atypischen Arbeitsverhältnissen einen tlw. sehr viel höheren Wert als Männer.

A3 Flexibilisierung des Arbeitsmarktes.
- Arbeitnehmersicht: *Vorteile*: „Klebeeffekt" (Übernahme in Normalarbeitsverhältnis/Weg aus der Arbeitslosigkeit); Teilzeit kann familienfreundliche Erwerbstätigkeit bedeuten; Möglichkeit zum kleinen Zuverdienst …
  Nachteile: geringere Entlohnung; unsicherere Lebensplanung; fehlende Bonität; Benachteiligung gegenüber Stammbelegschaft; höhere zeitliche und räumliche Verfügbarkeit; wechselnde Phasen von Beschäftigung und Arbeitslosigkeit; starke Abhängigkeit von Konjunkturphasen; geringere Identifikation mit Arbeitsplatz …
- Arbeitgebersicht: *Vorteile*: flexibler Einsatz von Arbeitskräften bei Konjunkturschwankungen: Abfangen von Produktionsspitzen/Anpassung im Abschwung; Umgehung von Kündigungsschutz und Mitbestimmungsrechten; Zahlung niedriger Lohn- und Lohnnebenkosten; ggf. höhere Arbeitnehmermotivation wegen Unsicherheit …
  Nachteile: fehlende Identifikation der Arbeitnehmer mit dem Unternehmen; ggf. niedrigere Motivation bei unsicheren Arbeitsverhältnissen; Unruhe bei Belegschaft durch Zweiklassenstrukturen; Anlernkosten …

Mindestlöhne – was ist gerecht?

A1 Mindestlohn soll kommen!
Einführung: 01.01.2015; Höhe bundesweit 8,50€ pro Stunde. Tarifpartner können bis 2017 Abschlüsse vereinbaren, die darunterliegen. Spätestens 2017: 8,50€ verpflichtende Untergrenze. Kommission der Tarifpartner (Arbeitgeber/Gewerkschaften) legt Mindestlohnhöhe fest. Wissenschaftlicher Sachverstand wird hinzugezogen. Ausnahmen vom ML: derzeit (Juni 2014) in der Diskussion.

A2 Umstrittener Mindestlohn!

pro Mindestlohn
• **staatliche Einsparungen:** Wegfall von Lohnzusatzzahlungen (Aufstocker) in Höhe von bis zu 11 Mrd. € • **Konjunkturprogramm:** gesamtwirtschaftliche Nachfrage steigt, Folge: höhere Produktion • **Wettbewerbsgerechtigkeit:** genereller ML; kein Wettbewerb über Lohndumping
kontra Mindestlohn
• **erschwerter Einstieg in Arbeit:** Geringqualifizierte erwirtschaften nicht 8,50 € pro Stunde; lohnt sich nicht • **Verlust von Arbeitsplätzen:** Arbeit Geringqualifizierter ist bei 8,50 € nicht mehr bezahlbar; Rationalisierungsdruck ersetzt teure menschliche Arbeit durch Maschinen • **Preissteigerungen:** Unternehmen wälzen steigende Lohnkosten auf Preise ab; Inflation durch Lohn-Preis-Spirale

A3 Europa als Vorbild?!
Befürworter des ML verweisen auf GB; Gegner führen das franz. Bsp. an. ML wirken in Abhängigkeit zur Strukturschwäche oder -stärke, der Möglichkeit zum Ersatz bzw. Verlagerung von Arbeit oder der unternehmerischen Wettbewerbsintensität in Regionen verschieden. Arbeitslosigkeit hat ebenso wie wirtschaftliche Prosperität unterschiedliche Gründe. Hier ist auch auf die Eurokrise und die entsprechende Lohnentwicklung in den Krisenländern hinzuweisen.
Auffallend ist die unterschiedliche Höhe der ML, die in Beziehung zur jeweiligen nationalen Wirtschaftskraft zu setzen ist (moderater Charakter des geplanten dt. ML von 8,50€).

Arbeitslosigkeit und ihre Folgen

A1 Ursachensuche!
friktionelle: kurzfristig, entsteht z. B. nach Abschluss einer Ausbildungsphase/bei Stellenwechsel; *saisonal*: bedingt durch jahreszeitliche Einflüsse, die zu unterschiedlicher Arbeitsnachfrage führen; *konjunkturell*: bedingt durch Unterauslastung des Produktionspotenzials durch Nachfrageeinbrüche; *strukturell*: Veränderung der Wirtschaftsstruktur entwertet bestehende Qualifikationsprofile/Wandel der Anforderungen an Arbeitnehmer/gleichzeitig zunehmender Kostendruck durch internationalen Standortwettbewerb („Globalisierung")

A2 Leben in Saus und Braus mit Hartz IV?
Die Grundsicherung durch das ALG II soll jedem Bezieher ein würdevolles Leben ermöglichen. Wegen der Höhe der Regelsätze wird bezweifelt, dass das ALG II diesem Anspruch gerecht wird. Kritiker bezeichnen das ALG II als „Armutsmaschine". Im Vergleich zu den eigenen familiären Konsumausgaben können die geringen Möglichkeiten der gesellschaftlichen Teilhabe für Hartz-IV-Empfänger und deren Familien thematisiert werden. Dadurch erhöht sich der Druck, jegliche angebotene Arbeit anzunehmen, was wiederum einen Bogen schlägt zur Zunahme atypischer Beschäftigungsverhältnisse in den letzten Jahren.

A3 Arbeitslosigkeit kostet!
Individuelle Kosten: Einkommenseinbuße, dreimal höheres Armutsrisiko als übrige Gesellschaft, Überschuldungsgefahr, Gefahr der Altersarmut, Gefahr der sozialen Isolation, zunehmende Antriebslosigkeit, sinkendes Selbstbewusstsein, statistisch höheres Krankheitsrisiko, ansteigende Suchtgefahr, statistisch geringere Lebenserwartung
Gesellschaftliche Kosten: Transferzahlungen für ALG I/ ALG II und sonstige Sozialleistungen (v.a. im Gesundheitssystem), entgangene Einnahmen an Steuern und Sozialversicherungsbeiträgen, Verlust der Kaufkraft des Einzelnen und damit Reduzierung der Binnennachfrage, Anstieg der Kriminalitätsrate und politisches Desinteresse wird mit Verarmung in Verbindung gebracht

Sozialstaat der Zukunft

A1 Sozial oder individuell?

Sozialversicherung
• Solidaritätsprinzip • Pflichtversicherung • Finanzierung über Beiträge in Abhängigkeit vom Bruttogehalt • Schutz der Person im Bedarfsfall

Individualversicherung
• Gewinnmaximierungsprinzip • freiwillige Versicherung • Finanzierung über individuelle Prämien • Schutz der Person bzw. Sache im Bedarfsfall

A2 Steigende Kosten – sinkende Einnahmen?
Die gegenwärtige Krise des Sozialstaats hat ihre Ursachen in wirtschaftlichen Problemen durch nachlassendes Wirtschaftswachstum, demografische Entwicklungen, die Staatsverschuldung und besonders durch die hohe Arbeitslosigkeit. Der (notwendigen) Kürzung von sozialen Leistungen steht ein wachsender Bedarf an sozialer Unterstützung gegenüber.

A3 Was tun?
- mehr Eigenvorsorge jedes Einzelnen (z.B. private Pflegezusatzversicherung)
- sozialstaatliche Leistungen stärker aus Steuern finanzieren
- Maßnahmen gegen Arbeitslosigkeit (wie mehr Qualifizierungsmöglichkeiten für Langzeitarbeitslose)

A4 Aussicht auf Erfolg?
individuelle Schülerlösung

Unsichere Zukunft – droht Altersarmut?

A1 Ungleiche Alte?

Vergleichskriterien	privilegierte Alte	alte Menschen in Armut
Bildungshintergrund	Abitur, Hochschulabschluss	in der Regel unterhalb des Abiturs
beruflicher Hintergrund	Freiberufler, Professoren, höhere Beamte/Angestellte, Unternehmer und höhere Manager	Geringverdiener, Langzeitarbeitslose, Teilzeitkräfte, Minijobber, Dauerpraktikanten, Scheinselbstständige, vermindert Erwerbsfähige
Finanzquellen im Alter	Pensionen, Ruhegehaltsbezüge, Betriebsrenten, Lebensversicherungen, Vermögenseinkünfte	Bezüge aus Rentenversicherung, staatliche Zuschüsse in Form der Grundsicherung, Minijobs
Freizeitverhalten	Wahrnehmen von Ferien-, Bildungs- und Kulturangeboten, politisch aktiv	wegen fehlender Finanzmittel nur wenige Möglichkeiten, kein Urlaub
Gesundheitszustand	guter Gesundheitszustand, Prophylaxe, eigene medizinische Kenntnisse	gesundheitlicher Verschleiß, geringere Lebenserwartung

A2 Altersvorsorge! Woher kommt das Geld?
1. Säule: gesetzliche Vorsorge – Pflichtbeiträge zur gesetzlichen Rentenversicherung
2. Säule: betriebliche Altersvorsorge oder Zusatzversorgung des öffentlichen Dienstes
3. Säule: private Vorsorge durch Ansparen von Kapital, z.B. in Form von Fondssparpläne, Riester-Rente, Rürup-Rente, Lebensversicherung und Immobilienbesitz

A3 Zweiklassenmedizin?
Bürgerversicherung: Es besteht nur eine Pflichtversicherung, in die alle ohne Ausnahme je nach Einkommen in unterschiedlicher Höhe einzahlen.
Kopfpauschale: Alle Versicherten zahlen einen einheitlichen einkommensunabhängigen Beitrag zur Krankenversicherung, Bedürftige werden durch einen steuerfinanzierten Beitrag entlastet, Krankenkassen stehen im Wettbewerb und können Pauschalen senken.

Immer älter ohne Kinder

A1 Steigende Belastung!
Das Verhältnis der Rentner zu den Beitragszahlern verändert sich von Dekade zu Dekade zuungunsten der Einzahler. Konsequenz: Sinkende Rentenbezüge oder steigende Sozialabgaben sowie zunehmende Steuerzuschüsse zu den Renten.
Mögliche Lösung: Erhöhung der Eintragszahler durch Erhöhung der Erwerbstätigkeit, Abbau der Arbeitslosigkeit oder Erhöhung der Einwanderung.

A2 Immer weniger und immer älter!

rückgängige Geburtenzahlen	steigende Lebenserwartung
• leichter Zugang zu Verhütungsmitteln	• bessere medizinische Versorgung
• Lebensplanung ohne Kinder	• bessere Ernährungssituation
• Fehlen eines geeigneten Partners	• bessere Hygienesituation
• höhere Lebenshaltungskosten durch Kinder	• staatliche Stabilität (Frieden/geringe Kriminalität)
• schwierige Vereinbarkeit Beruf/Familie	• Lebenszufriedenheit durch hohen Wohlstand

A3 Zuwanderung als Problemlösung?

- Qualifizierte Zuwanderer stützen als Beitragszahler die Sozialversicherungssysteme.
- Um Wirkungen des demografischen Wandels zu neutralisieren, bedarf es unrealistisch vieler Migranten.
- Zuwanderer übernehmen meist schon in zweiter Generation Geburtenraten der Mehrheitsgesellschaft.
- Für qualifizierte Zuwanderer ist Deutschland oft nicht die erste Wahl als mögliches Zielland. Gründe hierfür liegen in hohen bürokratischen Hürden des Staates und verbreiteten Akzeptanzproblemen bei einheimischer Bevölkerung.
- Integration von Zuwanderern bindet viele öffentliche Ressourcen (Geld/Personal).

4 Politische Strukturen

Machtkontrolle durch Gewaltenteilung

A1 „Alles wäre verloren ...“

Trennung der Gewalten schützt vor Machtmissbrauch durch Machtkonzentration und garantiert Freiheit des Einzelnen. Exekutive, Legislative und Judikative in einer Hand führen zur Tyrannei, Unterdrückung und Willkürherrschaft, da sich die Gewalten nicht gegenseitig wirksam kontrollieren können.

A2 Geteilte Gewalten auf zwei Ebenen.

		horizontale Gewaltenteilung		
vertikale Gewaltenteilung		Legislative	Exekutive	Judikative
	Bund	Bundestag, Bundesrat	Bundesregierung, Bundespräsident	Bundesverfassungsgericht
	Länder	Landesparlamente	Landesregierungen, kommunale Körperschaften	Landesverfassungsgericht

A3 Politische Macht – mehrfach geteilt!

Horizontale GW: Aufteilung der staatlichen Gewalt auf verschiedene nationale Verfassungsorgane
Vertikale GW: zusätzliche föderale Verteilung staatlicher Gewalt (z. B. Bundesländer/Kommunen)
Temporale GW: Begrenzung der Machtausübung auf Zeit
Konstitutionelle GW: Machtbegrenzung durch schwer oder gar nicht veränderbare Verfassungsgrundsätze
Dezisive GW: Einfluss weiterer Gruppen auf Entscheidungen (z. B. Parteien, Medien, Lobbygruppen)

A4 Gewaltenverschränkung: Notwendigkeit oder verpfuschte Gewaltenteilung?

Verfassungsorgane wählen einander; Aktionseinheit zwischen Bundestagsmehrheit und Bundesregierung; Kontrolle wird in der Regel nur durch Oppositionsfraktion(en) ausgeübt; Dominanz der Exekutive bei Gesetzgebungsinitiative wegen qualitativer und quantitativer Überlegenheit der Ministerialverwaltung gegenüber Parlamenten; Durchbrechung der Gewaltenteilung im Bundesrat durch Legislativfunktion der Länderregierungen; Dominanz derselben Parteien in allen Verfassungsorganen schwächt die Kontrollfunktion der Gewaltenteilung, insbesondere bei einer „Großen Koalition“ auf Bundesebene

Die Rolle des Bundesverfassungsgerichts

A1 Wer lenkt?

a) Beschreibung: Die Karikatur zeigt Parteipolitiker am großen Steuerrad der Politik. Sie schauen missmutig. Das Rad wird nicht von ihnen betätigt, es wird „von oben“ gedreht. Dort thront über den Wolken der eigentliche Steuermann – hier in Gestalt eines Richters in Robe. Er sitzt auf einer Wolke, die Karlsruhe heißt.

b) Kernaussage: Das Bundesverfassungsgericht in Karlsruhe macht die Politik – nicht die Politiker in Berlin.

c) Fragen: Ist der Einfluss der Richter auf die Politik wirklich so stark? Warum fühlen sich die Politiker so machtlos? (evtl. ergänzend): Was war los im Fall Hartz IV?

d) Bezug zur Hartz-IV-Reform: Durch ein Urteil des Bundesverfassungsgerichts wurde eine Neuregelung der Hartz-IV-Gesetzgebung notwendig.

Die Auslegung von Grundrechten

A1 Gibt es ein Grundrecht auf ein „menschenwürdiges Existenzminimum" im Grundgesetz?
Aus den Artikeln 1 und 20 GG leitet das oberste Gericht den Anspruch auf ein „menschenwürdiges Existenzminimum" ab: Art. 1 Abs. 1 GG: Die Würde des Menschen ist unantastbar. Sie zu achten und zu schützen ist Verpflichtung aller staatlichen Gewalt.
Art. 20 Abs. 1 GG: Die Bundesrepublik Deutschland ist ein demokratischer und sozialer Bundesstaat.

A2 Was ist ein „menschenwürdiges Existenzminimum"?
Ein „menschenwürdiges Existenzminimum" – damit meint das Gericht nicht nur die Mittel zum Überleben. Jeder in Deutschland soll seinen Lebensunterhalt bestreiten und am gesellschaftlichen, kulturellen und politischen Leben wenigstens in geringem Maße teilnehmen können.

A3 Wie soll die Höhe dieses Existenzminimums berechnet werden?
Die Höhe des „menschenwürdigen Existenzminimums" soll sich am jeweiligen Entwicklungsstand und den Lebensbedingungen in der Gesellschaft ausrichten. Ein Betrag kann nicht im Grundgesetz genannt, sondern muss immer wieder neu vom Gesetzgeber ermittelt werden.

A4 Was kritisierte das Bundesverfassungsgericht an der Hartz-IV-Reform?
a) Das Bundesverfassungsgericht kritisiert an der Hartz-IV-Reform die Art und Weise, wie die Politiker den Bedarf festgelegt haben – nicht die Höhe der jetzigen Sätze.
b) individuelle Schülerlösung

A5 Es gibt verschiedene Arten von Grundrechten.
a) **Freiheitsrechte** geben den Menschen Freiheiten in der Gestaltung ihres Lebens. **Unverletzlichkeitsrechte** schützen ihr Leben und Eigentum vor willkürlichen Zugriffen. **Gleichheitsrechte** sorgen dafür, dass niemand von staatlicher Seite bevorzugt oder benachteiligt werden darf.
b) Das neue (abgeleitete) Grundrecht auf ein menschenwürdiges Existenzminimum ist ein Gleichheits-, eigentlich ein richtiges Teilhaberecht. Es gesteht jedem über die rein formale Gleichbehandlung hinaus ein materiales Recht auf Teilhabe am gesellschaftlichen Leben zu.

Der Bundesrat im Prozess der Gesetzgebung

A1 Streit um eine missglückte Reform?
Der Prozess der Gesetzgebung bei einem Zustimmungsgesetz:

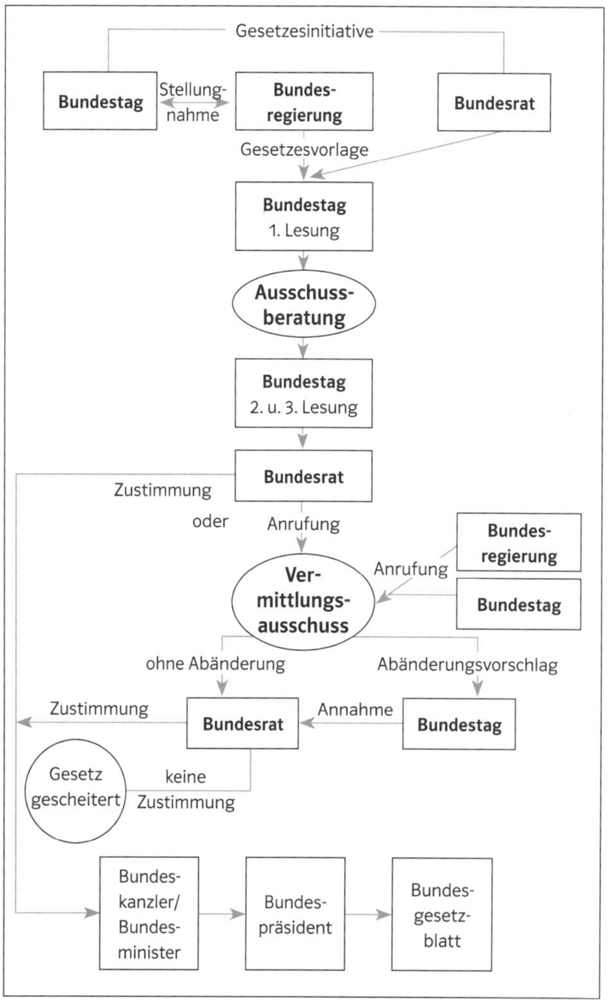

A2 Unterschiedliche Mehrheitsverhältnisse in Bundestag und Bundesrat?
Unterschiedliche Mehrheitsverhältnisse in Bundestag und Bundesrat kommen zustande, wenn die Mehrheitsverhältnisse in den Länderparlamenten nicht mehrheitlich der Bundestagsmehrheit entsprechen; wenn also mehr Bundesländer von Parteien regiert werden, die nicht die Bundesregierung stellen. Dann kann die Bundesregierung nicht davon ausgehen, dass ihre Gesetzesvorschläge unverändert den Bundesrat passieren.

Bundeskanzlerin und Bundesregierung

A1 Wie arbeiten Kanzlerin und Kabinett in der Bundesregierung zusammen?
a) Die „Richtlinienkompetenz" verleiht der Kanzlerin ihre herausgehobene Stellung in der Bundesregierung. Sie bestimmt die Ziele und Richtlinien der Politik.
b) Drei unterschiedliche Regierungsstile im Blick auf die Zusammenarbeit:
Kanzlerprinzip: Die Bundeskanzlerin bestimmt die Richtlinien der Politik und trägt dafür Verantwortung.
Ressortprinzip: Innerhalb der Richtlinien leitet jeder Minister sein Ressort selbstständig und in eigener Verantwortung.
Kollegialprinzip: Alle wichtigen Entscheidungen werden vom Kabinett kollegial gefällt. Bei Meinungsverschiedenheiten entscheidet das Mehrheitsprinzip.

c) Während die Bundeskanzlerin über umfassende Machtmittel verfügt (es sollte auf die obige Auflistung abgehoben werden), hat der Bundespräsident v. a. staatlich repräsentative Funktionen.

A2 Wie funktioniert ein Kanzlersturz?

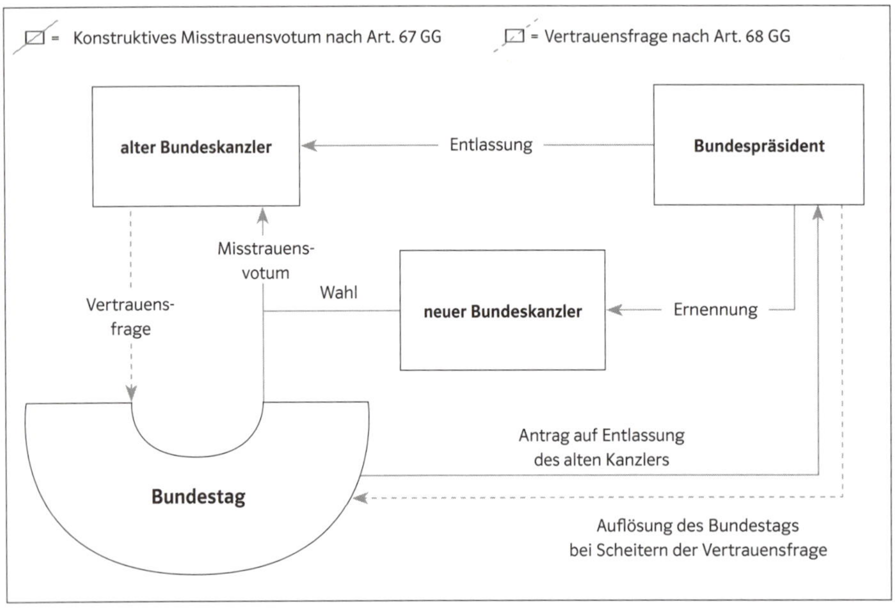

A3 Wie sieht die politische Wirklichkeit aus?

Konstruktives Misstrauensvotum: 1972 wurde erstmals ein konstruktives Misstrauensvotum gegen Bundeskanzler Willy Brandt versucht. Der Opposition von CDU/CSU fehlten aber zwei Stimmen zur Neuwahl ihres eigenen Kanzlerkandidaten. 1982 sprach die Opposition gegen Kanzler Helmut Schmidt ein konstruktives Misstrauensvotum aus. Seine Regierung wurde gestürzt, Helmut Kohl zum Kanzler gewählt.
Vertrauensfrage: Willy Brandt stellte 1972 die Vertrauensfrage. Sein Ziel war es, diese Abstimmung zu verlieren und Neuwahlen herbeizuführen, um dadurch die „Ostpolitik" zu legitimieren. Zur Bestätigung seiner umstrittenen Politik stellte Bundeskanzler Helmut Schmidt im Februar 1982 die Vertrauensfrage, die er gewann. 1982 wollte Bundeskanzler Helmut Kohl durch eine verlorene Vertrauensfrage Neuwahlen initiieren. Damit sollte seine Kanzlerschaft bestätigt werden, die er über das erfolgreiche konstruktive Misstrauensvotum gegen Helmut Schmidt erlangt hatte. Zur Absicherung des Beschlusses, erstmals die Bundeswehr außerhalb des NATO-Gebietes einzusetzen, ließ sich Kanzler Gerhard Schröder das Vertrauen des Parlamentes aussprechen. Zur Herbeiführung von Neuwahlen ließ sich Kanzler Schröder 2005 das Vertrauen entziehen.

Der Bundespräsident

A1 Der Bundespräsident wird nicht vom Volk gewählt.

Machtverteilung: Die Bundesversammlung, die den Bundespräsidenten wählt, besteht aus den Bundestagsabgeordneten und einer gleichen Anzahl Vertreter der Landtage. Das unterstreicht die Machtverteilung zwischen Bund und Ländern, also den Föderalismus.
Plebiszitäre Bestrebungen: Zugleich ist der Wahlmodus des Bundespräsidenten eine Absage an plebiszitäre Überlegungen – aus der historisch begründeten Angst vor Demagogen.

A2 Handlungsspielraum des Bundespräsidenten

Reihenfolge Lösungswörter: Staatsoberhaupt, Bundestag, Gesetze, Bundeskanzlers

A3 Mehr Macht für den „schwachen Mann" an der Spitze?

Im Präsidentialismus wie in den USA ist der Präsident zugleich Regierungschef und Staatsoberhaupt. An der Spitze der Exekutive in Deutschland stehen hingegen zwei Personen: die Bundeskanzlerin als Regierungschefin und der Bundespräsident als (repräsentierendes) Staatsoberhaupt. Im parlamentarischen Regierungssystem ergibt sich die Machtverteilung aus der Zusammensetzung des gewählten Parlaments selbst, dessen Mitglieder entsprechend der Mehrheitsverhältnisse die Regierung bilden.

Föderalismus – schwerfällig oder innovativ?

A1 Wer macht was?

Fallbeispiele	Bund	Land	Kommune
1. Die Polizei benötigt neue Motorräder.		x	
2. Neue Personalausweise sollen ausgestellt werden.			x
3. Ein neuer Kindergarten soll gebaut werden.			x
4. Die Bundeswehr benötigt neue Lazarettflugzeuge.	x		

Fallbeispiele	Bund	Land	Kommune
5. Der Mindestlohn soll für alle Branchen eingeführt werden.	x		
6. Ein Unternehmen benötigt eine Baugenehmigung.			x
7. Zwischen Kassel und Halle wird eine Autobahn gebaut.	x		
8. Die Deutsch-Dänische Universität entsteht in Schleswig.		x	
9. Eine neue Strafvollzugsanstalt wird in Dresden gebaut.		x	

A2 Woher stammt das Geld?

Ebene	Steuerarten
Bundesebene	Mineralölsteuer, Tabaksteuer, Umsatzsteuer, Körperschaftssteuer, Lohn- und Einkommenssteuer, Stromsteuer
Landesebene	Kraftfahrzeugsteuer, Biersteuer, Umsatzsteuer, Körperschaftssteuer, Lohn- und Einkommenssteuer
Kommunale Ebene	Hundesteuer, Grundsteuer, Gewerbesteuer, Umsatzsteuer, Hundesteuer, Lohn- und Einkommenssteuer

A3 Umstrittener Föderalismus!

pro Föderalismus	kontra Föderalismus
• Wettbewerb zwischen Ländern/Kommunen führt zu Innovationen • Machtkontrolle durch Gewaltenteilung • Transparenz politischer Entscheidungen durch Bürgernähe/Bürgerbeteiligung • Förderung lokaler und regionaler Interessen • politische, wirtschaftliche und kulturelle Vielfalt durch Polyzentrismus • Reserve an politischem Führungspersonal	• unterschiedliche Regelungen der Bundesländer führen zu Problemen, z. B. Schulwechsel • Schwerfälligkeit der Entscheidungsfindung • komplexes System der Gesetzgebung ist für Bürger undurchsichtig • Förderung von Lokalegoismen • 16 Landesregierungen, -parlamente und -verwaltungen sind teurer als ein Zentralstaat • unterschiedliche Lebensverhältnisse

5 Mitwirkung und Repräsentation

Wahlen zum Deutschen Bundestag

A1 Aktives und passives Wahlrecht
Das aktive Wahlrecht ist das Recht, wählen zu dürfen (bei Volljährigkeit). Das passive Wahlrecht ist das Recht, wählbar zu sein, also sich bei einer Wahl als Kandidat zu stellen.

A2 Fünf Wahlgrundsätze
Allgemein: Alle wahlberechtigten Bürger dürfen ohne Ausnahme wählen.
Unmittelbar: Alle Entscheidungen fallen in direkter Wahl ohne Zwischeninstanz, wie Wahlmänner.
Frei: Es gibt keine Wahlpflicht.
Gleich: Jede Stimme zählt gleich viel.
Geheim: Die Wahl ist vor Beobachtern geschützt. (Wahlumschläge, Wahlkabinen).

A3 Verhältnis- und das Mehrheitswahlsystem
Verhältniswahl: Gewählt werden Parteilisten mit Kandidaten; die Sitzverteilung/Mandate der Parteilisten entspricht den Stimmenanteilen.
Mehrheitswahl: Es wird unterschieden zwischen relativer und absoluter Mehrheitswahl. Bei letzterer braucht der Kandidat mindestens 50 % der Stimmen. Bei relativer Mehrheitswahl reicht die meiste Anzahl an Stimmen. Die Hälfte der Abgeordneten des Deutschen Bundestages wird in den 299 Wahlkreisen über dieses relative Mehrheitswahlsystem mit der Erststimme gewählt.

A4 Vor- und Nachteile der beiden Wahlsysteme

Mehrheitswahl	Verhältniswahl
+ enger Bezug der Abgeordneten zu ihrem Wahlkreis + klare Mehrheiten	+ Sitzverteilung spiegelt das Meinungsspektrum der Wählerinnen + auch kleine und neue Parteien haben eine Chance
– kaum Chancen für neue und kleinere Parteien – Wahlergebnis repräsentiert nicht unbedingt den Wählerwillen	– Regierungsbildung wird schwieriger (Koalitionen notwendig) – Beziehung der Abgeordneten zu ihren Wählern ist unverbindlich locker

A5 Rechenbeispiel
Sitzverteilung nach dem relativen Mehrheitsrecht im Modell: A = 7, B = 2, C = 1, D = 0
Sitzverteilung nach dem Verhältniswahlrecht im Modell: A = 40 % bzw. 4, B = 30 % bzw. 3, C = 20 % bzw. 2, D = 10 % bzw. 1.
Es fällt auf, dass je nach Wahlrecht eine deutlich andere Sitzverteilung erfolgt. Das relative Mehrheitswahlrecht betont die Mehrheit, das Verhältniswahlrecht repräsentiert die Minderheiten stärker.

A6 Personalisiertes Verhältniswahlrecht
Die personalisierte Verhältniswahl ist ein kombiniertes Verfahren aus relativer Mehrheitswahl und Verhältniswahl mit einigen Besonderheiten. Jeder Wähler hat zwei Stimmen: Die erste für einen Wahlkreiskandidaten (relative Mehrheitswahl), die zweite für die Parteiliste (Verhältniswahl). Die Zweitstimme entscheidet über die Zahl der gewonnenen Mandate. Jeder Kandidat, der ein Direktmandat in einem Wahlkreis gewinnt, ist ebenfalls gewählt. Die übrigen Mandate erhalten Listenkandidaten. Die Fünfprozentklausel schließt jene Parteien aus, die bundesweit nicht mindestens 5 % der Zweitstimmen oder drei Direktmandate erhalten haben.

Parteien und ihre Programme

A1 Parteien als „Sprachrohr des Volkes"?
Vier wichtige Aufgaben: Beteiligung an Wahlen, politische Einflussnahme in Parlamenten, Übernahme politischer Ämter, Öffentlichkeitsarbeit

A2 Parteien als Programm-Macher?
Partei- und/oder Wahlprogramme im Vergleich: Gruppenarbeit je nach Interesse und aktueller politischer Lage.

A3 Parteien als Chance, politisch mitzumischen?

a) Möglichkeiten, die eine Parteimitgliedschaft bietet: für die Ziele der Partei eintreten, auf die Programmgestaltung Einfluss nehmen, selbst für politische Ämter kandidieren, Ämter übernehmen

b) individuelle Schülerlösung

c) individuelle Schülerlösung

A4 Parteien im Wahlkampf

a) Zwei wichtige Funktionen von Wahlkämpfen: die eigenen Parteimitglieder motivieren und zusammenhalten; unentschlossene Wähler zur Stimmabgabe gewinnen

b) und **c)** Wahlkampfslogans und -plakate gestalten: Intendiert sind konzeptionelle und kreative Arbeitsergebnisse der Schülerinnen und Schüler auf der Grundlage eigener Recherchen (Aufg. 2) und eigener Überlegungen (Aufg. 3).

Abgeordnete unter Druck

A1 Unter Erwartungsdruck?

Die Partei erwartet: Einsatz für die Ziele der Partei, Fraktionsdisziplin.

Die Interessengruppen/Verbände erwarten: Vermittlung ihrer Position in das Parlament, Durchsetzung ihrer Interessen im Parlament.

Die Bürger bzw. Wähler erwarten: Vertretung und Durchsetzung ihrer Interessen, Einsatz für den Wahlkreis.

Die Öffentlichkeit erwartet: Einsatz für das Allgemeinwohl.

A2 In Arbeitsteilung?

„Arbeitsparlament" im Unterschied zum „Redeparlament": Das Leben des Abgeordneten spielt sich in seiner Fraktion ab. Sie entscheidet darüber, in welchen Parlamentsausschuss er entsandt wird. Er hat sich dafür auf einem Fachgebiet qualifiziert. In den Ausschüssen geschieht die hauptsächliche Abgeordnetentätigkeit. Hier werden die politischen Probleme diskutiert und gesetzliche Regelungen vorbereitet.

A3 Unter Fraktionszwang?

„Fraktionsdisziplin": Er ist als Abgeordneter Teil einer (Partei/Parlaments-)Fraktion, die daran interessiert ist, geschlossen aufzutreten und abzustimmen. Die Fraktion verlangt in der Regel (Ausnahme: Freigabe der Abstimmung aus Gewissensgründen), dass der Abgeordnete der Fraktionslinie folgt.

A4 Wirklich machtlos?

a) Der Abgeordnete fühlt sich machtlos, weil er der Fraktionsdisziplin unterworfen ist, er keine eigenen Entscheidungen fällen kann, die politischen Themen durch die Öffentlichkeit und den Bürger bestimmt werden.
Der Abgeordnete ist nicht machtlos, weil er relativ frei über sein Mandat verfügen kann, er über Gesetze entscheiden kann und damit die gesellschaftliche Wirklichkeit mitgestalten kann.
In dem Gefühl der Machtlosigkeit kommen die Spannungen zwischen repräsentativen und direkten Elementen der Demokratie sowie zwischen dem freien und dem imperativen Mandat zum Ausdruck. Aufgabe des Abgeordneten ist es, seine Wähler zu repräsentieren und ihre Interessen zu vertreten, die Partei zu vertreten und letztlich seinem Gewissen zu folgen.

b) Beschreibung: Ein im Plenum redender Abgeordneter trägt den Namen Meyer-Volkswagen. Er wird gefragt, ob der Abgeordnete Bayer-Siemens eine Zwischenfrage stellen kann.
Kernaussage der Karikatur: Die Abgeordneten werden als Vertreter bestimmter Interessen, in diesem Fall von Industrieinteressen, dargestellt.
Bewertung: individuelle Schülerlösung; Abgeordnete müssen aufpassen, dass sie von ihren Wählern nicht als reine Lobbyisten wahrgenommen werden.

Massenmedien – unentbehrlich für die Demokratie?

A1 Wir leben mit Medien

a) bis **c)** individuelle Schülerlösung

A2 Medien stehen unter Konkurrenzdruck ...

a) und **b)** individuelle Schülerlösung

A3 ... auch Politiker stehen unter Konkurrenzdruck.

Welche Gefahren bestehen, wenn sich Medien und Politiker zu eng zusammentun?

Für die Medien selbst: Sie werden nicht mehr als unabhängig wahrgenommen; sie verlieren Vertrauen; sie büßen ihre Rolle als kritische Instanz ein.

Für die Mediennutzer: Sie können sich nicht mehr auf die kritische Funktion der Medien verlassen; sie können nicht mehr auf die Unabhängigkeit der Medien vertrauen.

Für die Politiker: Sie liefern sich den medialen Spielregeln aus; sie machen sich abhängig von ihrer medialen Wirkung; sie vermischen Medien und Politik.

Netz-Projekte

A1 Wissen über WikiLeaks

WikiLeaks ist eine nichtkommerzielle Internet-Plattform (seit 2006), auf der geheime Dokumente veröffentlicht werden, die „unethisches" Verhalten von Regierungen, Institutionen und Firmen enthüllen.

A2 Pro und kontra WikiLeaks

Pro: Aufdeckung von geheimen und unethischen Vorgängen; Herstellung von globaler Öffentlichkeit; Verbreiterung der Informationsmöglichkeiten für Bürger in aller Welt (Internet); neue Möglichkeit der Herrschaftskritik
Kontra: nicht geprüfte Dokumente werden veröffentlicht (Gefahr von Fälschungen); keine persönliche Verantwortungsübernahme für Fehler und eventuelle Folgen der Veröffentlichung (Anonymität); „Rechtsbruch" und „Geheimnisverrat"

Bürgerinitiativen

A1 Bürgerinitiativen – einflussreich?

Eine BI bietet die Möglichkeit, auf wahrgenommene Missstände oder politisch zu bearbeitende Probleme hinzuweisen und kann so ein Korrektiv der repräsentativen Demokratie sein; andererseits kann sie nur aufmerksam machen, nicht entscheiden: Das bleibt nach wie vor den Parlamenten vorbehalten. Auch bilden sich häufig (wie auch in den beiden Beispielen unten) Gegeninitiativen, die der Vorstellung einer einheitlichen „Bürgermeinung" zuwiderlaufen.

A2 Bürgerinitiativen – ein Begriff, viele Gesichter.
individuelle Schülerlösung

A3 Bürgerinitiativen – wichtig oder gefährlich?

Chancen	Risiken
• BI formulieren u. a. neue Ideen und alternative Handlungsmöglichkeiten • BI fördern die öffentliche Diskussion und Meinungsbildung und damit politische Beteiligung • Bürgerinnen und Bürger fühlen sich ernst genommen, was zu höherer Akzeptanz politischer Entscheidungen führt	• BI sind anfällig für Manipulation und Missbrauch durch Extremisten, indem sie bspw. Ängste schüren und einfache, aber unrealistische Lösungen vorgeben • BI können von Minderheiten getragen werden, die aber öffentliche Aufmerksamkeit erzeugen können

Volksbegehren und Volksentscheid

A1 Bessere Politik durch mehr Beteiligung der Bürger?

a) Die Volkabstimmung hatte eine hohe Beteiligung. Die Mehrheit stimmte gegen den Ausstieg des Landes aus der Finanzierung von „S21" und somit für das Projekt. Die Bürgerinnen und Bürger haben sich also direktdemokratisch entschieden. Das Projekt gewinnt damit mehr Legitimation und den Gegnern von „S21" wird zumindest die Akzeptanz der Entscheidung erleichtert. Insofern ein Erfolg für alle Beteiligten.

b) Volksbegehren und Volksentscheid sind (bisher) Elemente der Länderverfassungen und beziehen sich jeweils auf das gesamte Bundesland. Ließe man nur die Bürger vor Ort abstimmen, wäre es schwierig, Entscheidungen durchzusetzen, bei denen für das Allgemeinwohl Einzelinteressen zurückstehen müssten.

c) Die Lösung eines politischen Problems zieht meist weitere nach sich (Politikzyklus). Wichtig ist, dass durch direkte Formen der Beteiligung die Bürger auch in einer repräsentativen Demokratie das Gefühl haben, politische Entscheidungen selbst verbindlich mitzutragen. Gerade wenn durch neue Regelungen neue Probleme entstehen (wie bei der Hamburger Schulreform oder dem bayerischen Rauchverbot) lassen sich „beteiligte" Bürger besser einbinden und dazu motivieren, weiter mitzuarbeiten und mitzudenken.

d) Wenn verstärkt Elemente der direkten Demokratie eingeführt werden sollen, dann müsste diskutiert werden, ob dies für alle politischen Ebenen gelten soll. Einerseits würde dadurch die Akzeptanz dieses Mittels wahrscheinlich steigen, weil es nicht als „Spielwiese" diffamiert werden könnte. Andererseits müssten wahrscheinlich die möglichen Themen und Gegenstände von Volksbegehren und Volksentscheid je nach politischer Ebene differenziert werden.

A2 Bessere Politik durch bessere Repräsentation der Bürger?

a) Beschreibung der Karikatur: Zwei Personen (wahrscheinlich Bürger) betrachten die neue Inschrift am Reichtagsgebäude: „Dem deutschen Wutbürger" (statt: „Dem deutschen Volke"). Eine Person sagt: „Wir dachten, ein bisschen mehr direkte Demokratie sollte schon sein."

b) Kernaussage der Karikatur: Statt mehr direkte Demokratie zu praktizieren, ändern die Politiker nur eine Inschrift – eine symbolische Handlung ohne Auswirkungen. Die „Repräsentanten der Bürger" im Reichstag wollen nicht mehr direkte Politik.

c) Zwei weiterführende Fragen (z. B.): Wie kann man die Politiker bewegen, mehr direkte Mitwirkungsmöglichkeiten für die Bürger einzuführen? Wie viel direkte Demokratie ist überhaupt sinnvoll in komplexen modernen Gesellschaften?

A3 Chancen und Risiken von mehr Bürgerbeteiligung.
Chancen: Die Akzeptanz politischer Entscheidungen wird erhöht. Die Menschen werden an Problemlösungen beteiligt. Die Bürger informieren sich besser. Die Bürger identifizieren sich wieder mit der Politik.
Risiken: Das Volk ist verführbar (Gefahr des Populismus). Die politischen Probleme sind zu komplex für Ja/Nein-Entscheidungen. Aktive Minderheiten können Sonderinteressen durchsetzen. Volksentscheide täuschen darüber hinweg, dass Politik Kompromissbereitschaft erfordert.

Gewerkschaften im Wandel

A1 Wohin geht die Entwicklung und warum?

a) In Skandinavien steigt der hohe Organisationsgrad der Beschäftigten weiter an. In den klassisch liberalen Volkswirtschaften wie den USA und Großbritannien sinkt der Organisationsgrad. In Deutschland sinken die Mitgliederzahlen deutlich nach einer stabilen Phase bis 1980.

b) Es besteht für die Beschäftigten ein starker Anreiz zur Gewerkschaftsmitgliedschaft.

c) In vielen europäischen Ländern besteht eine enge Korrelation zwischen gewerkschaftlichem Organisationsgrad und tariflicher Bindung. Als Grund kann man vermuten, dass in den meisten „alten" europäischen Ländern der branchenbezogene Flächentarifvertrag das wichtigste Element der nationalen Tarifvertragssysteme ist und eine Tarifbindung (nur) für Gewerkschaftsmitglieder besteht. Die tarifliche Bindung wird höher liegen als die gewerkschaftliche, wenn – wie in den meisten europäischen Ländern der Fall – die Möglichkeit besteht, Tarifverträge auch auf nichtverbandsgebundene Unternehmen auszudehnen.

d) Die Sozialpartnerschaft hat in Deutschland immer eine große Rolle gespielt. Unter dem Druck von Globalisierung, Rationalisierung und Sozialstaatskrise verzichteten die Gewerkschaften auf harte Verteilungskämpfe. Traditionelle sozialreformerische Strategien passten nicht mehr in die moderne Arbeitswelt mit dem stark wachsenden Dienstleistungssektor. Insgesamt besteht in Deutschland der Trend, dass die Großorganisationen (wie auch Parteien und Kirchen) Mitglieder verlieren.

Betriebsrat – Interessenvertretung der Beschäftigten

A1 Wozu gibt es Betriebsräte?

a) Ein Betriebsrat vertritt die Interessen der Beschäftigten und verfügt über umfangreiche Mitbestimmungs-, Initiativ- und Schutzrechte. Zu den erzwingbaren Mitbestimmungsrechten nach dem BetrVG (§ 87) gehören z. B.: Fragen der betrieblichen Lohngestaltung; Fragen der betrieblichen Ordnung und des Verhaltens von Arbeitnehmern im Betrieb; Regelung der Arbeitszeiten, Überstunden, Pausen, Urlaubsplanung und die Einführung von Kurzarbeit; Regelungen zur Verhütung von Arbeitsunfällen und Berufskrankheiten.
Die Erkundung der Jugendlichen wird evtl. allgemeine Aufgaben des Betriebsrats nach dem BetrVG (§ 80) ergeben wie: Aufnahme von Anregungen der Arbeitnehmer, Integration/bessere Kommunikation mit Ausländern oder Schwerbehinderten, älteren bzw. jungen Arbeitnehmern oder anderen Schutzbedürftigen im Betrieb, Durchführung der Wahl der Jugend- und Auszubildendenvertretung.

b) individuelle Schülerlösung

Politikverdrossenheit

A1 Politikverdrossenheit: Ausdrucksformen.

- Politiker!? Könn 'Se vergessen! Die machen Versprechungen und halten diese nicht, diskutieren nur und handeln nicht. Sie verfolgen nur ihre eigenen Interessen und nicht die des Volkes.
- Das Volk!? Hör'n Sie mir auf mit dem Volk!! Das hat hohe Ansprüche und meckert nur, statt sich zu engagieren, hat falsche Vorstellungen und keine Ahnung von den komplexen Problemen in einer globalisierten Welt.

A2 Politikverdrossenheit: Ursachen und Handlungsmöglichkeiten.

mögliche Ursachen
• hohe Komplexität politischer Probleme • Enttäuschung und Vertrauensverlust durch Skandale u. a. • fehlendes Wissen über und Verständnis von Politik
Handlungsmöglichkeiten
• Parteien sollten sich öffnen und Bürger(initiativen) stärker einbinden • politische Entscheidungen nicht als alternativlos kennzeichnen und so Diskussionen verhindern • Bürgerinnen und Bürger müssen sich besser informieren

A3 Politikverdrossene Jugend oder jugendverdrossene Politik?

Individuelle Schülerlösung. Thematisiert werden sollte, ob nicht auch Interesse und Engagement jenseits traditioneller und etablierter Strukturen politisch sind und die Diagnose statt Politik- eher Parteienverdrossenheit heißen muss. Auch der Stellenwert von Themen in der Politik, die v. a. Jugendliche betreffen, müsste geklärt werden.

Wehrhafte Demokratie

A1 Formen von politischem Extremismus.

Unterschieden wird Kriminalität, die von „links", „rechts" und von „Ausländern" ausgeht. Im Jahr 2013 stiegen Straftaten von „links" stark an (v. a. Sachbeschädigung), während Straftaten von „rechts" leicht zurückgingen, aber auf hohem Niveau verbleiben (dabei hoher Anteil Propagandadelikte). Die Statistik ermöglicht einen Einblick in Ausmaß und Entwicklung politisch motivierter Straftaten, unterscheidet jedoch sehr pauschal, abstrahiert damit auch von unterschiedlichen Motiven und Folgen und blendet „extreme" Einstellungen in der „Mitte der Gesellschaft" aus.

A2 Ursachen für politischen Extremismus.

Im Text angedeutete Ursachen sind sozioökonomische Strukturprobleme, die mit Perspektivlosigkeit einhergehen, sowie fehlender Kontakt zu und damit fehlende Erfahrungen mit Migrantinnen. Rechtsextremismus ist ein verbreitetes Phänomen, das bis in die Mitte der Gesellschaft reicht und (auch) strukturelle Ursachen hat.

A3 Abwehr von politischem Extremismus.

Der Begriff „Wehrhafte Demokratie" bezeichnet das politisches System der BRD, das durch bestimmte Maßnahmen wie bspw. das Verbot von Parteien oder anderen Vereinigungen und das Verwirken von Grundrechten verfassungswidrige Bestrebungen bekämpfen und so die freiheitlich-demokratische Grundordnung schützen kann. Das Dilemma besteht darin, dass der Schutz der Demokratie die Verletzung ihrer Grundlagen – die Freiheit, z. B. bestimmte Äußerungen zu treffen oder bestimmte politische Ziele zu verfolgen – rechtfertigen soll.

A4 NPD-Verbot?

Ein Verbot der NPD ist ein Bekenntnis zur Demokratie und unabhängig von Wahlergebnissen gerechtfertigt, weil sie die Privilegien der Verfassung genießt, die sie bekämpft. Die Demokratie in Deutschland ist gefestigt und kann die NPD, die keine bedeutende politische Größe darstellt, aushalten.

A5 Pro und kontra NPD-Verbot

pro NPD-Verbot
• programmatische Positionen der NPD sind mit dem GG unvereinbar, Verbot wäre Zeichen gegen Fremdenfeindlichkeit etc. • NPD bekäme keine finanziellen Mittel mehr durch den Staat (den sie bekämpft) • rechtsextremen Kräften würde die Organisationsplattform entzogen
kontra NPD-Verbot
• Demokratie muss auch demokratiefeindliche Positionen aushalten können • man bekämpft so nur Symptome (die Partei), nicht die Ursachen für deren Erfolg • legale Partei lässt sich leichter überwachen bzw. kontrollieren

6 Nachhaltig wirtschaften und weltweiter Umweltschutz

Nachhaltig wirtschaften

A1 Was ist das Besondere an der Carrotmob-Idee?
Der Käufer besteht darauf, dass ein Teil seines Geldes vom Unternehmer/Händler/Produzent nachhaltig investiert wird.

A3 Passen beide Aktivitäten für mehr innerbetrieblichen Umweltschutz zusammen?
Vergleichen Sie die jeweilige Grundidee, die Akteure und die Erfolgschancen.

A2 Was ist ein europäisches Öko-Audit-Zertifikat?
Zur Verbesserung des innerbetrieblichen Umweltschutzes hat die EU ein einheitliches Öko-Audit-Verfahren geschaffen, an dem sich jede Organisation freiwillig beteiligen und ein Zertifikat erwerben kann. Damit lässt sich dann z. B. Werbung machen.

	Aktion Carrotmob	**Öko-Audit-Verfahren**
Was ist die Grundidee?	Unternehmen sollen durch höhere Gewinne umweltfreundliche Investitionen tätigen.	Unternehmen und andere Organisationen sollen mit ihren innerbetrieblichen Umweltschutzmaßnahmen werben können.
Wer sind die Akteure?	Nachfrager und Anbieter: Die Konsumenten „organisieren" ihren Einkauf und verpflichten die Anbieter zu nachhaltigem Umgang mit ihrem Gewinn.	Staaten und die EU vergeben das Umweltsiegel, jeder Betrieb/jede Organisation kann sich darum bewerben.
Wie schätzen Sie die Erfolgschancen ein?	Eine solche Aktion kann nicht den Klimawandel aufhalten, aber einen Denkanstoß geben, dass Kauf- und Unternehmensentscheidungen auch eine ethische Dimension haben.	Für jene, die mit dem Zertifikat werben dürfen, zahlt sich das als Wettbewerbsvorteil aus. Mgw. entsteht ein „Domino-Effekt", wenn auch andere umweltfreundlicher produzieren.

Beide Konzepte passen zusammen in ihrem Anliegen, unternehmerisches Handeln auf mehr Nachhaltigkeit hin auszurichten und dadurch Gewinne nicht zu minimieren, sondern zu maximieren.

Weniger Auto fahren

A1 Was ist eine Umweltplakette?
Die Umweltplakette wurde eingeführt, weil die Feinstaubbelastung besonders in Ballungsräumen und Großstädten seit Jahren steigt und zu erheblichen Gesundheitskrisen führen kann. Die EU-Luftqualitätsrichtlinie sowie die deutsche Feinstaubverordnung bilden die Grundlage für die Einrichtung sogenannter Umweltzonen, in denen entsprechend steigender Luftbelastung und nach Stufen differenziert Fahrverbote verhängt werden können.

A2 Warum wird der Staat aktiv?

Argumente, die die Interessen von einzelnen Bürgern und Gruppen stützen:	Argumente, die die Interessen der Allgemeinheit stützen:
d), e), g), h)	a), b), c), f)

Der Staat wird aktiv, weil nichts geschehen würde, wenn man es bei Appellen an die einzelnen Autofahrer belassen würde. Es ist seine Aufgabe, das Gemeinwohl über die selbstbezogenen oder kurzfristigen Interessen einzelner Bürger oder Gruppen zu stellen.

A3 In welchen deutschen Städten gibt es Umweltzonen?
individuelle Schülerlösung

Essen mit Verantwortung

A1 Global denken – lokal handeln!
Die eigene Ernährung ist ein heikles Thema. Da lässt man sich nicht gern etwas vorschreiben. Die Devise „Ist doch meine Sache, was ich esse" ist zwar argumentativ leicht zu entkräften, eine Verhaltensänderung ist trotzdem schwer zu erreichen. Vielleicht kann man mit einem gemeinsamen Projekt wie dem „fleischlosen Donnerstag" einen Anfang machen und zeigen, dass private Konsumentscheidungen auch eine ethische Dimension haben.

A2 Was wir noch tun könnten?
individuelle Schülerlösung

Energie(w)ende!?

A1 Energie(w)ende!?
- Sicherheit: nicht kalkulierbare Sicherheitsmängel in Atomanlagen – Reaktorunglück in Japan (Fukushima 2011)
- schwindende Energieressourcen: zur Neige gehende Ölreserven
- Klimaschutz: Erderwärmung durch hohen CO_2-Ausstoß von Kohlekraftwerken und Steigerung der Energieeffizienz
- Wirtschaft: Stärkung des Wirtschaftsstandorts Deutschland durch die Entwicklung von Hochtechnologien

A2 In Stein gemeißelt?
Die Karikatur von 2014 zeigt einen Kohleabbau-Bagger, der die scheinbar in „Stein gemeißelte" Energiewende zermalmt. Der Karikaturist, Klaus Stuttmann, bringt damit zum Ausdruck, dass der Energieträger Kohle scheinbar übermächtig und, trotz massiver politischer Unterstützung/ Subventionierung erneuerbarer Energien durch die Politik, die Chancen auf eine klimafreundliche Energieversorgung zerstört. Die Gründe hierfür liegen v.a. in der vergleichsweise preiswerten Förderung von Kohle sowie neuen, effizienteren Kohlekraftwerken. Zudem muss der Wegfall von Atomstrom kompensiert werden. Stromerzeuger greifen hier auf die gewinnträchtigste Energieform zurück.

A3 Wie ist die aktuelle Entwicklung der sogenannten Energiewende?
individuelle Schülerlösung

Hochtechnologie statt Kohle

A1 Die gegenwärtige Bedeutung erneuerbarer Energien.
Fasst ¼ des Stroms stammt aus erneuerbaren Energien. Damit sind noch erhebliche Anstrengungen nötig, um die Ziele zu erreichen. (Bis 2050 sollen es 80% sein!) Fossile Energie bildet nach wie vor den Hauptanteil.

A2 Die zukünftige Bedeutung erneuerbarer Energien.
Die Chancen bestehen in der Unabhängigkeit von Energieimporten, Schaffung von neuen Arbeitsplätzen, Reduzierung der Treibhausgasemissionen.

A3 Die Funktionsweise erneuerbarer Energien.
individuelle Schülerlösung

„Energiehunger"

A1 Ursachen und Folgen im Überblick.

Ursachen	Folgen
• Bevölkerungswachstum • Industrialisierung und Erhöhung des Lebensstandards in den Entwicklungs- und Schwellenländern	• Bemühungen zur Erschließung neuer Energiequellen • steigende Umweltbelastung durch fossile Energien • steigende Energiepreise durch erhöhte Nachfrage

A2 Verantwortlichkeiten: das Beispiel China.
Der Energiebedarf Chinas ist gegenüber dem der EU (Stand 2014) insgesamt leicht höher. Berücksichtigt man jedoch die unterschiedlichen Bevölkerungszahlen, ist der Energiebedarf eines Chinesen deutlich geringer als der eines Europäers. Beachtlich ist die Veränderung: Während der Energiebedarf in Europa nur leicht stieg, verdoppelte er sich in China in den letzten zehn Jahren. Das ist ein deutliches Zeichen für einen Aufhol- bzw. Angleichungsprozess.

A3 Auswege: das Beispiel Fracking
Fracking ist ein Verfahren zur Förderung von in Stein gebundenem Gas, bei dem mit Chemikalien versetztes Wasser in den Boden gepumpt und dadurch das Gestein aufgebrochen wird. Der Karikaturist setzt sich kritisch mit diesem Verfahren auseinander, indem er den vermeintlichen Vorteil größerer Importunabhängigkeit den (möglichen) negativen ökologischen Folgen gegenüberstellt.

Klimawandel weltweit

A1 Klimawandel – was sind die Folgen?
Alle Weltregionen sind vom Klimawandel in unterschiedlicher Weise betroffen: die nördlichen Regionen weniger, die südlichen (bereits heißen und armen) Regionen stärker (v.a. durch Naturkatastrophen und Ernährungssicherheit).

A2 Klimawandel – was muss getan werden?
Durch Maßnahmen wie z.B. den Umstieg auf erneuerbare Energien, Erhöhung der Energieeffizienz bei Kraftwerken und Gebäuden sowie die Entwicklung effizienterer Verkehrsmittel könnte der CO_2-Ausstoß reduziert werden. Weltweite Vereinbarungen sind dabei schwierig, weil Auswirkungen v.a. dort spürbar werden, wo sie nicht verursacht werden und weil viele Schwellenländer ihr Recht auf ökonomische Entwicklung in Gefahr sehen.

A3 Klimawandel – was kann ich tun?

Ernährung	Wohnen
z.B. Verzicht auf Tiernahrung und Kauf regionaler Produkte	z.B. Kauf energieeffizienter Haushaltsgeräte, Installation besserer Wärmedämmung
Mobilität	**Konsumgüter**
z.B. Nutzung öffentlicher Verkehrsmittel bzw. Fahrrad	z.B. Kauf nachhaltig produzierter Produkte

7 Die Europäische Union

Erfolgsprojekt Europäische Union

A1 Prinzipien der EU
Subsidiarität: Auf europäischer Ebene wird nur das geregelt, was dort besser zu bewirken ist.
Supranationalität: Nationale Souveränität wird abgetreten und von Mitgliedstaaten auf europäischer Ebene gemeinsam ausgeübt.
Rechtstreue: Das System der EU funktioniert nur, wenn sich alle Mitgliedstaaten an gemeinsame Regeln halten. Streitigkeiten entscheidet der Europäische Gerichtshof.
Bereitschaft zum Kompromiss: Unterschiedlichkeit der Mitgliedstaaten in Größe, Tradition, Wirtschaftsstruktur, politischer Ausrichtung und Kultur zwingt alle immer wieder zum Aufeinanderzugehen.
Solidarität: Unterschiede in der wirtschaftlichen, politischen und militärischen Stärke der Mitgliedstaaten verpflichten zur gegenseitigen Unterstützung.
Degressive Proportionalität: In den europäischen Institutionen erhalten die kleinen Staaten in Relation zu den bevölkerungsgroßen Staaten mehr Gewicht.

A2 Europa ist weit weg? Europa ist für die Bürger da!
Arbeitsmarkt: Arbeitsmobilität, soziale Mindeststandards, europäische Betriebsräte
Bildung: Austauschprogramme, einheitliche Bildungsabschlüsse, Anerkennung von Ausbildungsabschlüssen
Urlaub: niedrige Roaminggebühren, keine Grenzkontrollen, Gewässerkennzeichnung, einheitliche Währung
Gesundheit/Hygiene: sauberes Trinkwasser, Begrenzung Feinstaubpartikel, keine Pestizide in Landwirtschaft
Konsum: längere Gewährleistungsrechte, freier Waren- und Dienstleistungsverkehr: breite Produktpalette durch Binnenmarkt, Lebensmittelkennzeichnung, stabile Währung

A3 Die EU – Zielscheibe der Kritik!
individuelle Schülerlösung

Staats- und Unionsbürgerschaft

A1 Neue Rechte wahrnehmen in Europa

a) Freizügigkeit: Wir haben das Recht, uns in allen Mitgliedstaaten der EU frei zu bewegen und aufzuhalten, überall zu studieren und zu arbeiten.
Wahlrecht am Wohnort: Bei Europa- und Gemeindewahlen können wir wählen, auch wenn wir in einem anderen als unserem Mitgliedstaat leben.
Petitions- und Beschwerderecht beim Europäischen Parlament: Wir haben ein Petitions- und Beschwerderecht beim Europäischen Parlament, wenn wir Missstände in der Tätigkeit von EU-Institutionen feststellen.
Klagerecht vor dem Europäischen Gerichtshof (EuGH): Vor dem Europäischen Gerichtshof kann klagen, wer sich durch die EU in seinen Grundrechten eingeschränkt sieht.

b) 1. Freier Handel: Waren und Dienstleistungen können überall in der EU frei gehandelt werden.
2. Freie Wahl des Arbeitsplatzes: Arbeitnehmer können in den meisten Berufen überall in den EU-Mitgliedsländern arbeiten.
3. Freie Unternehmensgründungen: Unternehmen dürfen sich in allen EU-Mitgliedsländern niederlassen und Geschäfte machen.
4. Freier Kapitalverkehr: Geld kann ungehindert von einem Mitgliedsland in ein anderes gebracht werden. In den Euro-Ländern ist der freie Kapitalverkehr durch die einheitliche Währung vollständig verwirklicht.

A2 Neue Erfahrungen sammeln in Europa
individuelle Schülerlösung

Die Entwicklungsgeschichte der EU

A1 Wie entwickelte sich die Europäische Union?
Mögliche Gliederung:
I 1951–1957: von der Gründung der EU bis zu den Römischen Verträgen
II 1957–1979: Zusammenwachsen über wirtschaftliche Zusammenarbeit
III 1979–1993: von der EG zur EU
IV 1993–2002: der Weg zur Wirtschafts- und Währungsunion
V 1997–2013: vom Europa der 15 bis zum Europa der 28

A2 Wie entwickelte sich Deutschland in diesem Zeitraum?
I 1949–1961: Von der Gründung der beiden deutschen Staaten, über die Einbindungen in die beiden Blöcke des Kalten Krieges (NATO – Warschauer Pakt) bis zum Mauerbau
II 1989/'90: Fall der Mauer – deutsch/deutsche Vereinigung

A3 Gestörte Entwicklung?
Durch die weltpolitische Konfrontation nach dem Zweiten Weltkrieg können der Osten Deutschlands und Europas erst ein halbes Jahrhundert später in den Prozess der Europäisierung eintreten.

A4 Wie sieht die aktuelle Entwicklung aus?
2010: sich zuspitzende Eurokrise; Euro-Länder und Internationaler Währungsfonds sagen dem hoch verschuldeten Griechenland ein erstes Hilfspaket von 110 Milliarden Euro zu; Einrichtung des ersten Euro-Rettungsfonds für Krisenstaaten
2012: EU wird Friedensnobelpreisträger
2013: Beitritt Kroatien zur EU

Die Außengrenze der EU

Szenarien entwickeln

a) Ist es Sache der EU …? Mögliche Argumente: Die EU steht für Menschen- und Bürgerrechte, sie muss selbst an dieser Idee arbeiten, wenn sie sie weltweit einfordert.
Die EU bezieht sich auf ihre Tradition als christliches Abendland, es ist ein Gebot der Nächstenliebe, Menschen in Not beizustehen.
Die EU kennt die Flüchtlingsthematik als weltweites Problem, sie muss selbst an konstruktiven Lösungen des Migrationsproblems arbeiten und nicht nur an Abwehrmaßnahmen („Festung Europa").
Die EU versteht sich als Solidargemeinschaft. Sie muss berechtigte Ängste vor Überfremdung und dem Verlust der eigenen (kulturellen) Identität ihrer Bürger ernst nehmen und die überforderten Regionen solidarisch unterstützen.

b) Szenario A (best case) = positives Trendszenario: Durch humanitäre und wirtschaftliche Aufbauhilfe, durch Hilfe beim Aufbau demokratischer Regierungsstrukturen und zur Bekämpfung der Korruption sowie eine effizientere Klimapolitik könnte der weltweite Migrationsdruck zurückgehen, sodass es Europa gelingt, alle, die dann noch kommen und bleiben wollen, aufzunehmen und zu integrieren.
Szenario B (Trend) = derzeitiges mittleres Trendszenario: Der Flüchtlingsstrom steigt weiter an und überfordert die aufnehmenden Länder. Die EU versucht, mit zum Teil fraglichen Mitteln, ihre Grenzen zu schützen, und leistet gleichzeitig wirtschaftliche Hilfe und Hilfe zum Aufbau demokratischer Strukturen (für wirtschaftlichen Aufbau und Beachtung der Menschenrechte) in den betroffenen Ländern.
Szenario C (worst case) = negatives Trendszenario: Die Situation in vielen Ländern verschlechtert sich durch Kriege, Naturkatastrophen, Missmanagement der Re-

gierungen dermaßen, dass niemand mehr ein Konzept hat, die Flüchtlingsströme zu bewältigen. Es kommt zu gewaltsamen Auseinandersetzungen.

c) Der Karikaturist befürchtet, dass in Europa wenig Freude aufkommt über Tausende von afrikanischen Flüchtlingen, auch wenn Revolution und demokratischer Aufbruch in den Ländern der arabischen Welt eigentlich zu begrüßen sind.
Bürgerrechte + Reisefreiheit = Jubel bei den Europäern. So wird es wohl nicht kommen.

Das Institutionengefüge der EU

Es kommt bei dieser Aufgabe nicht auf Differenzierung der komplexen Materie an, sondern auf eine sichere Grundorientierung. Die Europäische Kommission bringt Gesetzesvorhaben (als Vorschläge) auf den Weg, das Europäische Parlament und der Ministerrat bzw. der Rat der EU entscheiden darüber.

Der Lissabon-Vertrag

A1 „Die Einigung Europas ist wie …"

a) Der Vergleich von Lacroix aus dem 19. Jahrhundert soll darauf hinweisen, dass die Interessenvielfalt in Europa groß ist und der Ausgleich dieser Interessen für eine Einigung Europas umso anspruchsvoller ist.

b) EU-Mitgliedsländer (Euro-Zone unterstrichen) – Stand 2014
1958: Belgien, Deutschland, Frankreich, Italien, Luxemburg, Niederlande;
1973: Dänemark, Irland, Großbritannien;
1981: Griechenland;
1986: Portugal, Spanien;
1995: Österreich, Schweden, Finnland;
2004: Estland, Lettland, Litauen, Malta, Polen, Slowakei, Slowenien, Tschechien, Ungarn, Zypern;
2007: Bulgarien, Rumänien;
2013: Kroatien

A2 Der Reformprozess im Vorher/Nachher-Vergleich.

1. Organ der EU
2. Der neue „Außenminister" hat den Vorsitz im Außenrat und ist Vize-Präsident der Kommission.
3. Alle Rechte sind in einer Charta zusammengestellt und rechtsverbindlich.
4. Es gilt die sogenannte doppelte Mehrheit.
5. Das EP ist immer gleichberechtigte zweite Kammer in der ordentlichen Gesetzgebung (auch in Haushaltsfragen).
6. Nationale Parlamente werden über Gesetzesvorhaben informiert und können die Einhaltung des Subsidiaritätsprinzips einfordern.
7. Zwei Drittel der Länder stellen im Wechsel einen Kommissar.
8. Mit Unterschriften von 1 Mio. EU-Bürgern kann die Kommission zur Einleitung eines Gesetzesvorhabens aufgefordert werden.

Das Europäische Parlament

A1 Gesetzgebungskompetenz?

Das EP beschließt gleichberechtigt mit dem Rat die Gesetze zur Innen- und Rechtspolitik, zur Gemeinsamen Agrarpolitik und zum Haushalt.

A2 Grenzen des Europäischen Parlaments?

Es entscheidet nicht über Steuer- und Finanzfragen und nicht über die Außen- und Sicherheitspolitik der EU. Außerdem hat es kein Recht zur Gesetzesinitiative.

A3 Wahl des Europäischen Parlaments.

Das EP wird seit 1979 alle fünf Jahre direkt von den EU-Bürgern gewählt (aktives und passives Wahlrecht). Es hat 751 Mitglieder; die Mitgliederzahl pro Land hängt von der jeweiligen Einwohnerzahl ab.

A4 Ist Europa uninteressant?

Die europaweite Wahlbeteiligung zum EP 2014 war mit 43,1 % sehr gering, weniger als die Hälfte aller Wahlberechtigten stimmte ab. Auffällig ist, das v. a. die osteuropäischen Länder eine niedrige Wahlbeteiligung aufweisen (0 %–40 %). Ebenso Portugal, Großbritannien und die Niederlande (20–40 %). Luxemburg und Belgien (90 %) sowie Malta (74,8 %) und Italien (60 %) weisen eine vergleichsweise hohe Beteiligung auf.
Die Ursachen für diese Ergebnisse können ganz unterschiedlich sein. Genannt werden können z. B.: allgemeine Politik- bzw. Parteienverdrossenheit in Europa; Unzufriedenheit mit der EU (Finanzkrise) und seinen scheinbar „bürokratischen" Institutionen; Desinteresse an der EU; verstärkter Nationalismus in einzelnen Ländern (Wahlboykott).

EU-Erweiterung

A1 EU- als Wertegemeinschaft!

- „Pluralismus": Amtssprachen, Europa der Regionen, Antidiskriminierungsrichtlinie, nationale Interessen
- „ohne Binnengrenzen": Freizügigkeit durch Schengener Abkommen, vier Freiheiten des Binnenmarkts
- „Demokratie": Wahl des EU-Parlaments, EU-Institutionen, zunehmende Rechte des EU-Parlaments
- „Rechtsstaatlichkeit": EuGH als oberste Rechtsinstanz, Verankerung der Menschenrechte

A2 Wie kommt man in die EU?

Artikel 2 und 3 des Vertrags von Lissabon spiegeln sich in den Aufnahmekriterien wider:
- politisches Kriterium: Demokratie, Rechtsstaat, Menschenrechte, Minderheitenschutz
- wirtschaftliches Kriterium: leistungsstarke Marktwirtschaft, die das „Wohlergehen" der Völker sichert
- gemeinschaftliches Kriterium: Übereinstimmung mit Werten der EU und Übernahme des EU-Rechts

A3 Umstrittener Kandidat!

pro Beitritt Türkei	kontra Beitritt Türkei
• Millionen Türken leben schon in der EU • Türkei hat eine europäische Geschichte • EU würde ein Global Player mit Anschluss zu energiepolitisch wichtigen Regionen werden • EU darf kein christlicher Klub sein • Türkei ist ein erfolgreiches Schwellenland • innere Reformen der Türkei würden belohnt	• Türkei besitzt gravierendes Demokratiedefizit • tiefe Kulturgrenze zwischen Türkei und EU • Annäherung der EU an Krisen des Nahen und Mittleren Osten (Iran, Syrien, Libanon, Israel) • Türkei erlebt unter der AKP eine Re-Islamisierung • Türkei ist wirtschaftlich noch zu schwach • EU würde zu groß und nicht regierbar

Stellungnahme: individuelle Schülerlösung

Die Euro-Krise

A1 Die „multiple Krise"!

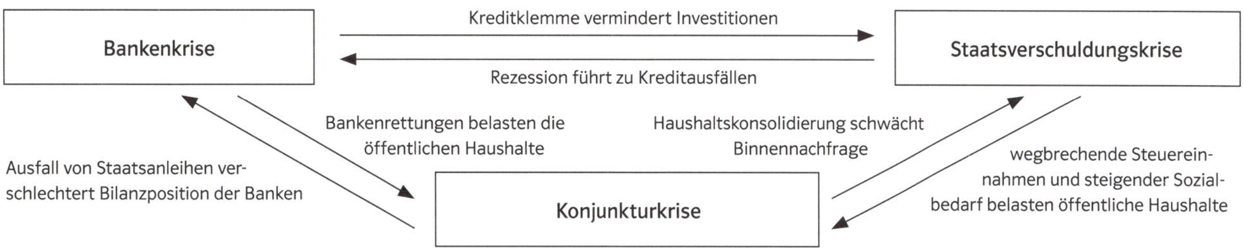

A2 Der griechische Patient.

Ursachen der griechischen Krise
• expansive Haushalts- und Wirtschaftspolitik • ineffizienter, korrupter, aufgeblähter Staatsapparat bei geringen Staatseinnahmen • überdurchschnittlicher Konsum und unterdurchschnittliche Investitionen • überdurchschnittliche Lohnerhöhungen • Missachtung der Konvergenzkriterien
Reformmaßnahmen (teilweise geplant)
• bisher wurden sechs Sparpakete verabschiedet • massive Steuererhöhung • Kürzung von Gesundheits- und Militärausgaben • Streichung von 150.000 Stellen im öffentlichen Dienst und drastische Lohnkürzungen • Kürzung/Streichung sozialpolitischer Transferzahlungen • Privatisierung von Staatsunternehmen

A3 Europäisches Krisenmanagement!

- Schuldenschnitt („Haircut"): Reduzierung des öffentlichen Schuldenstandes durch teilweisen Schuldenerlass zugunsten des Schuldners – Griechenland wurden bis zu 70 % der Schulden erlassen.
- Europäischer Stabilitätsmechanismus (ESM): Europäische Finanzinstitution, die Krisenländern oder -banken Kreditlinien zur Verfügung stellt oder Staatsanleihen aufkauft.
- EU-Fiskalpakt: Aufnahme einer Schuldengrenze in die nationalen Verfassungen, Obergrenzen für die Staatsverschuldung und Strafen/Eingriffe für jene Länder, die diese Grenzen missachten.
- Staatsanleihenkauf durch EZB (OMT): „Outright Monetary Transactions" (außergewöhnliche geldpolitische Operationen der Zentralbank). Die EZB kündigte 2012 an, Staatsanleihen eines Krisenlandes in unbegrenzter Höhe aufzukaufen.

EU-Freizügigkeit: Notwendigkeit oder Segen?

A1 Frei(zügig)es Europa!
Grundsätzlich: Drei Monate darf sich jeder EU-Bürger ohne Bedingung in einem anderen EU-Land aufhalten.
Arbeitnehmer und Selbstständige: Recht auf Aufenthalt ohne Bedingungen (und direkte Familienangehörige).
Arbeitssuchende: Sie haben mindestens sechs Monate ein Recht auf Aufenthalt, wenn im EU-Aufnahmeland weiter nach einer Beschäftigung gesucht wird und eine „begründete Aussicht" auf Arbeit besteht.
Studierende/Nichterwerbstätige: Bei finanzieller Unabhängigkeit und keiner Belastung für Sozialsysteme des EU-Aufnahmelandes länger als drei Monate.

A2 Zuwanderung erregt die Gemüter.
Bulgaren/Rumänen seien in der Regel schlecht qualifiziert; kaum in den Arbeitsmarkt zu integrieren; wandern vor allem in die Sozialsysteme ab und belasten so die öffentlichen Kassen; Kriminalitätsrate steigt. Fazit: Zuwanderung von Rumänen/Bulgaren bedeute oft Armutszuwanderung.

A3 Freizügigkeit als Segen?
Wohlstandsgefälle zwischen West- und Osteuropa führt zur Arbeitsmigration. Zurzeit überdurchschnittlich viele Akademiker, insbesondere Ärzte, aus Osteuropa auf Arbeitssuche in Deutschland. Wegen des demografischen Wandels und des Mangels an Fachkräften benötigt Deutschland Zuwanderer. Zuwanderer aus Osteuropa arbeiten v. a. in Pflegeberufen, insbesondere in der privaten Altenpflege.
Rumänen und Bulgaren sind eine gut integrierte Einwanderungsgruppe in Deutschland. Ähnlich positive Erfahrungen mit der Arbeitsmigration aus Osteuropa wurden nach 2004 in Großbritannien gemacht. Gesondert zu

betrachten ist die Teilgruppe der Sinti und Roma, die in westdeutschen Ballungsräumen schlecht integriert und unter prekären Bedingungen lebt.

8 Globale Wirtschaft und Entwicklung

Globalisierung ist, wenn ...

A1 Ein politischer „Witz"
individuelle Schülerlösung

A2 Bereiche der Globalisierung
politische G.: Gründung der Vereinten Nationen mit dem Ziel, weltweite Menschenrechtstandards und friedliche Beilegung von Konflikten durchzusetzen;
wirtschaftliche G.: Ausweitung des Welthandels, verstärkte internationale Arbeitsteilung, zunehmende Verflechtungen der Volkswirtschaften;
ökologische G.: Umweltbelastungen, Klimaschutzbemühungen, weltweite Ausbreitung von Krankheitserregern;
kulturelle G.: Verbreitung von Wissen, Kunst, Musik und Filmen (besonders über TV und Internet), von Lebensstilen und Konsumgewohnheiten, zeitgleiche Nachrichtenübermittlung

A3 „Globalisierung ist, wenn ..."
individuelle Schülerlösung

Globale Wirtschaft

A1 Reisestationen.

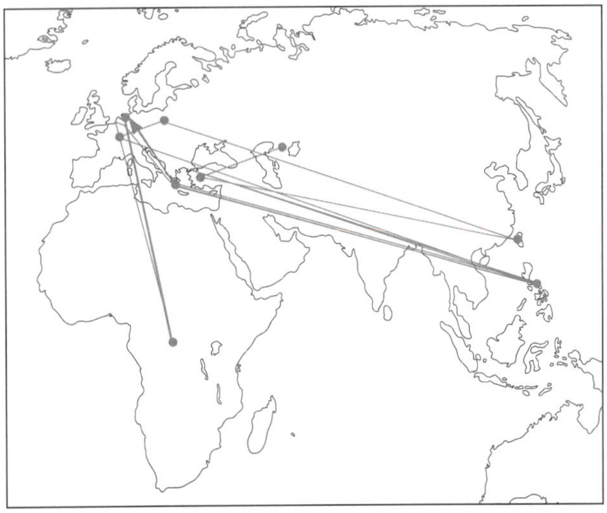

A2 Entfernungen.
Von Kasachstan in die Türkei: 4800 km; aus der Türkei nach Taiwan: 10200 km; von Taiwan nach Polen: 12000 km;
von Polen nach Frankreich: 1600 km; aus der EU auf die Philippinen: 13700 km; von dort nach Griechenland: 11700 km
weiter nach Deutschland: 2300 km; Summe: 56300 km; von Deutschland nach Holland: 700 km; von Holland nach Afrika: 7000 km; Endsumme: 64000 km.

Internationale Kapitalmärkte – Kasinokapitalismus?

A1 Anlagemöglichkeiten.
- BIP: Summe aller in einer Zeitperiode produzierten Sachgüter und Dienstleistungen.
- Aktien: Wertpapier als Anteil an einer Gesellschaft/ Anteil am Grundkapital einer Gesellschaft
- Staatsanleihen: verzinsliche Schuldverschreibungen der öffentlichen Hand
- Derivate: von einem Basisinvestment abgeleitetes, hochspekulatives Finanzinstrument; „Wette" auf Kursschwankungen des Basisinvestments (z. B. Zertifikate, Optionen, Futures und Swaps)
- Devisen: Forderungen (Guthaben oder Schecks) auf ausländische Währungen

A2 Realwirtschaft und Kapitalmarkt – unterschiedliche Geschwindigkeiten!
Staatliche Liberalisierung der Finanzmärkte (Deregulierung, Abbau von staatlicher Reglementierung); Internationalisierung der Finanzmärkte und Anlagemöglichkeiten durch globale, digitalisierte, vernetzte Kommunikation in „Echtzeit" („Spotmärkte"); hohe Rendite durch Ausnutzung kleinster Gewinnmargen (Arbitrage); Entwicklung neuer, spekulativer Finanzprodukte (Terminmärkte für Derivate, Leerverkäufe) und neuer Akteure (Hedgefonds, Investmentfonds, Private Equity Fonds) an Offshore-Plätzen. Folge: Marginalisierung der klassischen Finanzierung von Handel und Unternehmensinvestitionen.

A3 Finanztransaktionssteuer zur Entschleunigung des Turbokapitalismus!
- Finanztransaktionssteuer: Gesetzentwurf der EU-Kommission (2011): Steuersatz von 0,1% auf Handel von Aktien/Anleihen; 0,01% für Derivate. Einnahmevolumen 50 Mrd. €
- Pro: Hochspekulative Investments von stark umstrittenen volkswirtschaftlichem Nutzen würden unrentabel; Spekulationskapital würde stärker in Realwirtschaft investiert; Steuereinnahmen könnten der Gesellschaft zugute kommen (sozial-ökologische Verwendung, Haushaltskonsolidierung).
- Kontra: Steuer würde die Marktpreise verzerren; Derivatgeschäfte dienen der besseren Verteilung von Risiken, Finanzakteure würden noch stärker in Offshore-Plätze abwandern (rein europäische Lösung würde den Finanzstandort Europa schädigen, ohne Spekulationsblasen zu verhindern); die Kosten der Steuer würden an Verbraucher weitergegeben.

Global Player – Fluch oder Segen?

A1 Auf und Ab von Ausländischen Direktinvestitionen (ADI)!
Direktinvestitionen: Vermögensanlagen im Ausland mit dem Ziel, Kontrolle auf die Geschäftstätigkeit zu nehmen. Hauptmotive: Kostensenkungen (Produktionskosten, Mengeneffekte, Steuerkosten), Marktpräsenz (Kundennähe), leichterer Zugang zu Fremdkapital, Ausnutzung von

länderspezifischen Standortvorteilen (bei Beschaffung, Produktion, Marketing und/oder Forschung), Verteilung von unternehmerischen Chancen/Risiken. Schwellenländer werden für Global Player als „emerging markets" immer wichtiger.

A2 Umstrittene Multis!

- Vorteile: Schaffung von Arbeitsplätzen; Ausbildung von Fachkräften; Know-how-Transfer: Kapitalstock, Managementkompetenzen; Fortschrittsimpulse; Eingliederung in den Weltmarkt; Staat wird interessant für weitere Investoren: mögliche Neuinvestition, Bsp. Infrastruktur; Kaufkraft wird gesteigert, mehr Steuereinnahmen; Binnenmarkt wird bedient, Importsubstitution und Exportsteigerung; Wohlstandsmehrung, regionale politische Stabilisierung, Aufbau lokaler Zuliefererindustrie
- Nachteile: Missachtung sozialer/ökologischer Standards (Ausbeutung von Arbeitskräften, Umwelt, Ressourcen); Produktionsstrategien ohne Anbindung an nationalen Entwicklungsstand; wachsende Abhängigkeit von großen Unternehmen ohne Weltmarktanbindung; Abfluss der Gewinne ins Ausland; Ausbeutung staatlicher Infrastrukturmaßnahmen; Stärkung der regionalen Oberschicht; Verdrängung lokaler Unternehmen; Steuernachlässe verringern Staatseinnahmen, Förderung globaler Einheitskultur

Digital ist besser!? – Die Vernetzung der Welt

A1 Globalisierung als Kommunikationsrevolution!
Digitale Kommunikation führt Menschen verschiedener Kontinente in Echtzeit zusammen; grenzenlose Kommunikation ohne relevante Bindung an Raum und Zeit befördert kulturelle Globalisierung; geringe Informations- und Transportkosten forcieren ökonomische Globalisierung durch Vernetzung verschiedener Produktionsstandorte: Entstehung globaler virtueller Unternehmensnetze; Globalisierung des tertiären Sektors (Informationssektor, virtuelle Kapitalmärkte); Entstehung neuer mächtiger Wirtschaftsgiganten.

A2 Erosion politischer Monopole!
Schaffung einer staatlich schwer kontrollierbaren virtuellen Öffentlichkeit; Informierung, Aktivierung und Vernetzung von Aktivisten über weite Entfernung hinweg; Intensivierung virtueller Diskussions- und Austauschprozesse; Erregung globaler Aufmerksamkeit durch virtuelle Plattformen; Manipulation der globalen Öffentlichkeit durch digital „bearbeitete" Informationsressourcen; Suggestion von Aktivität und Massengefolgschaft durch zumindest kurzfristige Informationshoheit.

A3 Vernetzte Schattenseiten!
Abdriften in virtuelle Scheinrealitäten; gläserne Konsumenten ohne Privatsphäre; Cybermobbing (Sexting, Shitstorms etc.); permanente Verfügbarkeit („Life-Work-Balance" in Schieflage); globale Einheitskultur; neue Möglichkeiten der Spionage und Überwachung durch Geheimdienste (NSA, GCHQ) auf politischer und wirtschaftlicher Ebene; Internetkriminalität; Verletzung von Urheber- und Patentrechten; Cyber-War; Militärschläge durch Virenprogramme auf militärische Anlagen („Stuxnet").

Fairer Handel – weltweit

A1 Teufelskreis der Armut

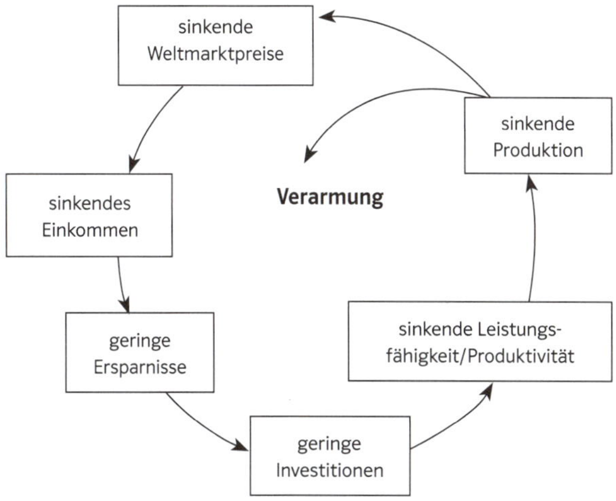

A2 Fairer Handel

a) Im Internet finden sich inzwischen viele Hinweise auf die große Produktpalette von fair gehandelten Waren – z. B. unter www.fairtrade.at. Kaffee, Tee und Schokolade, viele weitere Lebensmittel, aber auch Textilien und Teppiche gehören zum Angebot.

b) Das Argument „Kann ich mir nicht leisten" sollte im UG kritisch hinterfragt werden: Können wir es uns tatsächlich leisten, den Menschen in den Entwicklungsländern keine Existenzgrundlage zu lassen (Migration!)?

c) Der Erfolg zahlreicher Fairtrade-Projekte spricht dafür. Auch werden wachsende Umweltschäden und steigende Armut den „reichen Norden" nach Konzepten für den „armen Süden" suchen lassen müssen (nicht zuletzt, um die Flüchtlingsströme einzudämmen). Als Konzept für die Bekämpfung der Armut wirkt Fairtrade bereits an vielen Orten, aber Armut ist ein komplexes Phänomen, das sich nicht allein auf die terms of trade reduzieren lässt. Allerdings ist es angesichts starker Interessen für einen „freien" Welthandel auch kaum vorstellbar, dass in absehbarer Zeit eine neue „faire" Weltwirtschaftsordnung etabliert wird.

Wachsende Städte

A1 Wie entwickelt sich die Verstädterung der Welt?

a) Anzahl der Millionenstädte auf der Welt

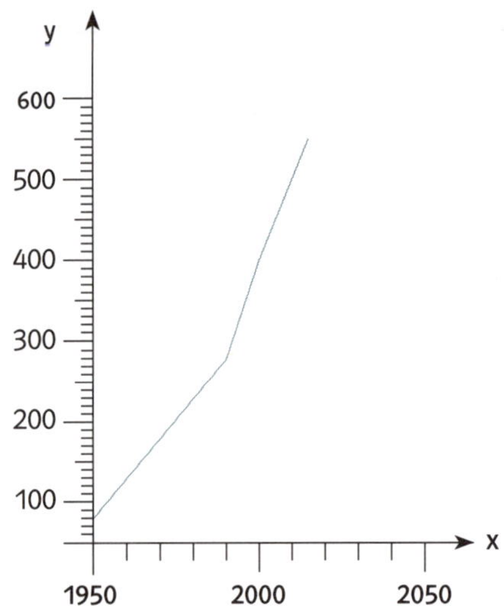

x = Zeitachse

Bevölkerungswachstum
in Mrd. Menschen

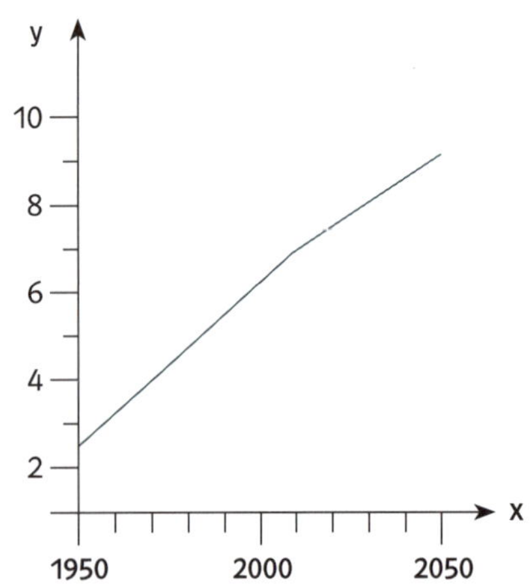

x = Zeitachse

Anteil der Stadtbevölkerung in Prozent der Weltbevölkerung

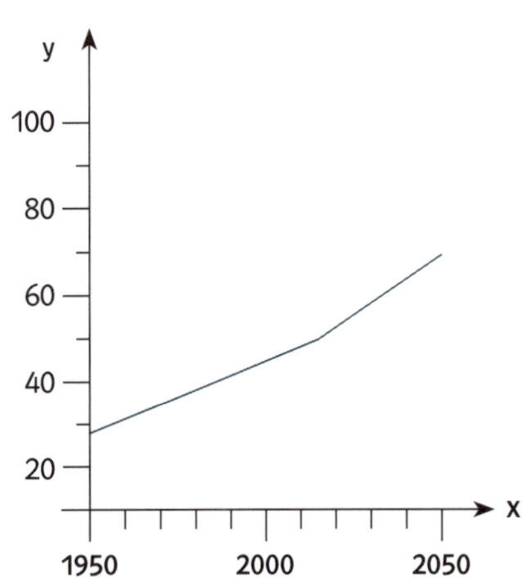

x = Zeitachse

b) Es erfolgt jeweils ein deutlicher Anstieg: Die Zahl der Millionenstädte verfünffacht sich. Die Bevölkerung wächst. Der Anteil der Stadtbevölkerung nimmt stark zu, bald leben 70% aller Menschen auf der Welt in Städten.

A2 Welche Probleme ergeben sich aus dem Prozess der Verstädterung?

a) Millionenstädte

b) Im Süden: Verslumung: Die Städte können der zuziehenden Landbevölkerung keine ausreichenden Arbeitsplätze/-möglichkeiten bieten. Aus den krassen sozialen Unterschieden zwischen schlechten und „besseren" Wohngegenden können soziale Spannungen entstehen.

Wasserarmut: Millionen Menschen auf engstem Raum mit Trinkwasser zu versorgen ist besonders in den Städten des Südens ein schwieriges logistisches und Ressourcenproblem.

Luftverschmutzung: Wenn sich auch in Riesenstädten der motorisierte Individualverkehr allgemein durchsetzt, steigen Luftverschmutzung und Lärmbelastung stark an.

Hunger bekämpfen

A1 Vom Acker in den Abfall?

a) Gründe für die Vernichtung von Lebensmitteln **bei den Erzeugern in Entwicklungsländern:** falsche oder fehlende Lagerung, schlechte Verarbeitungs- und Transportketten; **im Handel der Industrieländer:** übertriebene Frische- und Haltbarkeitsvorschriften (wie MHD), Vernichtung von Lebensmitteln zur Preisstützung; **bei den Verbrauchern in den Industrieländern:** kein bewusster und sparsamer Umgang mit Lebensmitteln, planloses Einkaufen, Essen wird weggeworfen.

b) Gegenmaßnahmen: individuelle Schülerlösung

A2 Maßnahmen gegen den Hunger in der Welt

Die Gesamtübersicht sollte im Unterricht gemeinsam erarbeitet werden.

Was wird benötigt?	Wie lässt sich das erreichen?
Global • Frieden und politische Stabilität • gezielte Investitionen • offener Zugang zu Weltmärkten	• Konfliktverhütung, Arbeit internationaler Institutionen • Entwicklungsplanung • internationale Handelsabkommen
National • demokratische Strukturen • verbesserte Infrastruktur	• Stärkung der Zivilgesellschaft (Wahlrecht, Vereinigungs- und Koalitionsfreiheit, Frauen- und Kinderrechte etc.) • staatliche Investitionen in Infrastruktur (Energie, Wasser, Bildung, Gesundheit, Telekommunikation)

Sektoral • Erzeugung und Vertrieb von landwirtschaftlichen Produkten • Ausschöpfen des vollen Ernteertrags • Erhöhung der Agrarproduktivität	• Förderung des ländlichen Raums
	• intakte Transportwege und Lagermöglichkeiten
	• ökologische Forschung, Sicherung der Biodiversität, Programme gegen Wüstenbildung und Versteppung
Haushalt • gesichertes Mindesteinkommen • ausreichend Grundnahrungsmittel • Stärkung der Frauen • Verbesserung der Gesundheit	• Bildung von Kooperativen (Zusammenschlüsse der Produzenten)
	• Mindestpreise (z. B. durch Fairtrade oder Handelsabkommen)
	• Kleinkredite
	• bezahlbare Nahrungsmittelpreise
	• Selbstversorgungsmöglichkeiten
	• Ausbildung von Frauen und Mädchen
	• sauberes Wasser, sichere sanitäre Einrichtungen, Impfungen, Aufklärung

Flucht und Migration weltweit

A1 Migration in Zahlen

2012 waren Mittlerer Osten und Zentralafrika Hotspots der Migration. Aus diesen Regionen stammten die meisten Flüchtlinge, hier wurden die meisten Flüchtlinge aufgenommen. Deutschland kommt als einziger europäischer Staat in die Top Ten der Zielorte. Vorsicht: Statistik operiert mit absoluten Zahlen. Bei Relation einheimische Bevölkerung zu aufgenommenen Flüchtlingen würden auch andere Aufnahmestaaten aufgeführt. Afghanistan, Syrien, Somalia sind zerrüttete Failed States.

A2 Gründe für die Flucht!

Push-Faktoren in Herkunftsländern
• Krieg, Zerstörung, Existenzängste • Hunger, Dürre, Überbevölkerung • Arbeitslosigkeit, Perspektivlosigkeit • politische Verfolgung, Diskriminierung
Pull-Faktoren in Zielländern
• politische Stabilität • relativer Wohlstand • Hoffnung auf Perspektive (Arbeit etc.) • Anerkennung von Menschenrechten

A3 Festung Europa?!

Zweiseitiger Ansatz: EU-Entwicklungspolitik (Ansatz bei Push-Faktoren) mit Schwerpunkt auf AKP-Staaten und WTO-Regelungen sowie der EU-Einwanderungspolitik/EU-Grenzregime. Zum letzteren Punkt ist zwischen gewünschter „legaler" Einwanderung und der Bekämpfung von illegalen Grenzübertritten zu unterscheiden (europäischen Grenzschutzagentur FRONTEX).

9 Internationale Politik

Die Vereinten Nationen

A1 Aufgaben und Ziele der UNO

a)
- Sicherheitsrat: UNO-Blauhelme sichern demokratische Wahlen im Kongo; Zivilisten in Libyen sollen geschützt werden
- Internationaler Gerichtshof: Kroatien klagt Serbien des Völkermordes an
- IWF: Irland gerettet; Bankrott Griechenlands abgewendet
- UNDP: Bericht über die menschliche Entwicklung vorgelegt; weltweite Armut nimmt zu; Didier Drogba wird „Botschafter des guten Willens"
- UNHCR: Zeltlager für pakistanische Flutopfer errichtet; „Tag des Flüchtlings" ausgerufen

b) individuelle Schülerlösung

c) Als Ziele der UNO-Aktivitäten können aus den Schlagzeilen ermittelt werden:
- Sicherheitsrat: Sicherung des Selbstbestimmungsrechts der Völker; Schutz vor Terrorismus und Despoten (ist sehr umstritten)
- Internationaler Gerichtshof: Schlichtung von Streitigkeiten zwischen Staaten
- IWF: Kreditvergabe für Mitgliedstaaten; Sicherung geordneter Wirtschafts- und Währungsbeziehungen
- UNDP: Überblick verschaffen über globale menschliche Entwicklung; Koordination der internationalen Entwicklungshilfe; Programmentwicklung/Sponsorensuche für Entwicklungsprojekte
- UNHCR: Schutz und Unterstützung für Flüchtlinge

A2 Der Sicherheitsrat – Machtzentrum der Vereinten Nationen

a) Der UN-Sicherheitsrat entscheidet über den Einsatz von militärischen Mitteln und Friedensmissionen zur Beilegung von Konflikten zwischen und innerhalb von Staaten.

b) Deutschland ist für zwei Jahre (2010 und 2011) als nichtständiges Mitglied in den Sicherheitsrat gewählt worden. Es kann nicht (wie die ständigen Mitglieder USA, Russland, China, Frankreich und Großbritannien) ein Veto gegen einzelne Beschlüsse einlegen.

c) Deutschland hat Interesse daran, globale Probleme wie den Klimawandel, die Ressourcenknappheit, die Energiewende oder Entwicklungshilfe und Hungerkrisen gemeinsam zu bearbeiten. Besonders unterstützt es die Initiativen des Sicherheitsrates, nachhaltige Lösungen für Frieden und Sicherheit anzustreben.

d) Deutschland enthielt sich der Stimme bei der Entscheidung über die Flugverbotszone über Libyen und stand damit an der Seite Chinas und Russlands – also isoliert von der westlichen Welt. Deutschlands Vertreter bei den Vereinten Nationen begründete die Enthaltung mit der Gefahr, in einen ausgedehnten militärischen Konflikt hineingezogen zu werden, der viele (auch zivile) Opfer bringen würde. Die Deutschen versprachen, auf andere als militärische Weise Unterstützung zu leisten.

e) Widerspricht der Einsatz von Gewalt nicht den Grundprinzipien und Zielen der UNO? Wann ist der Einsatz von Gewalt überhaupt gerechtfertigt? Kann man mit militärischer Gewalt Frieden erzwingen?

Internationaler Terrorismus

A1 Al-Kaida gilt seit Jahren als eine führende islamistische Terrorgruppe.

Organisationsstruktur: lose Verbindung regional autonom operierender Gruppen; ohne zentrale Steuerung; Zentrale im afghanisch-pakistanischen Grenzgebiet; Verbreitung vor allem in Failed States
Ziele: Stärkung des Islams, Errichtung eines islamischen Gottesstaats, Renaissance der Umma (Eintracht aller Gläubigen), Vertreibung der Ungläubigen aus als islamisch reklamierten Gebieten
Strategie: weltweiter Terrorismus auf allen Kontinenten; Feinde: USA, westliche Welt, vermeintlich korrumpierte Regime in muslimischen Staaten/liberale Muslime (siehe Syrien); Erreichung medialer, breiter, globaler Aufmerksamkeit

A2 Neue Kriegsformen!?

Konflikt zwischen regulären Armeeeinheiten und autonom operierenden, leicht bewaffneten und nicht uniformierten Kämpfern. Deren Strategie besteht darin, durch gezielte, opferreiche und grenzüberschreitende Anschläge mediale Aufmerksamkeit zu erzielen. Der internationale Terrorismus asymmetriert Kräfte und Taktiken, Schauplätze und Schlachtfelder.

A3 Rückzugsgebiete „Failed States".

Staatliches Gewaltmonopol liegt mehrheitlich bei Teilgruppen (Stämme, Terrororganisationen, Widerstandsgruppen). Failed States weisen weitgehenden Zusammenbruch staatlicher Infrastruktur auf. Legitime Machtausübung, Sicherheit und Wohlfahrt können nicht mehr garantiert werden. Sie sind Rückzugsgebiete für Terrornetzwerke/Organisierte Kriminalität.

NATO – Schutzschirm oder stumpfes Schwert?

A1 Neue Aufgaben für Kalte Krieger!?

Kernaufgabe: Wahrung der Freiheit und Sicherheit der Mitgliedsstaaten mit politischen und militärischen Mitteln durch Abschreckung (nuklear/konventionell), Fähigkeit zum Krisenmanagement (Out-of-area-Einsätze) und Aufbau einer kooperativen Sicherheitsarchitektur. Mittel: Bereitstellung einer breiten Palette an militärischen Fähigkeiten zur Abwehr „neuer und alter" Bedrohungen: Raketenabwehrsystem, Terrorismusbekämpfung, Verteidigung gegen ABC- sowie radiologische und Cyberangriffe, Schutz der Energieinfrastruktur. Stärkere Ausrichtung auf multilaterale Zusammenarbeit und „Vernetzte Sicherheit", Aufnahme neuer Mitglieder, Intensivierung der Partnerschaft mit Russland

A2 Schwieriges Verhältnis!

Putin, klein, fahl und schwächlich gezeichnet, wird von einer vor Kraft (Größe) und Arroganz (Text, Gesichtsausdruck, Körperhaltung) strotzenden NATO in Osteuropa an den Rand gedrückt. Die NATO beschränke die russische „Bewegungsfreiheit" (politisches Einflussgebiet). Hintergrund ist die sukzessive Aufnahme osteuropäischer Mitgliedsstaaten und die Diskussion weiterer Aufnahmen (Ukraine, Georgien). Die Rakete als Schlagbaum symbolisiert das Raketenabwehrschild, welches das russische Atomarsenal entwertet. Die strategische Partnerschaft zwischen Russland und der NATO (NATO-Russlandrat) besitze demnach nur den Charakter bloßer Lippenbekenntnisse. (Möglicher Bezug auf den NATO-Russland-Konflikt bezüglich der Ukraine.)

Bundeswehr – eine neue Armee?

A1 Veränderte Armee!

Die Reduktion der Mannschaftsstärke auf 170 000 Mann; Aussetzung der Wehrpflicht; Schließung von 31 Standorten; Verkleinerung um 90 Einheiten, Reduktion der Dienstposten; Zusammenlegung der Führungskommandos an neuen Standorten; Veränderung und Anpassung der Ausrüstung an neue Herausforderungen (Auslandseinsätze); „Sharing" und „Pooling" innerhalb der NATO-Verbände

A2 Afghanistaneinsatz!

Die Karikatur kritisiert den paternalistischen Ansatz, das westliche Wertesystem auf andere Staaten und Völker mit militärischen Mitteln übertragen zu wollen. Das ursprüngliche Ziel des Afghanistaneinsatzes lag in der Antiterror-Bekämpfung (Al Kaida, Taliban, Afghanistan als terroristischer Rückzugsraum, „Deutschlands Sicherheit wird am Hindukusch verteidigt") und wandelte sich zu einem „Peace- und State-Building-Einsatz". Überhöhte Ziele wie Etablierung von Demokratie, Menschenrechten, einer Zivilgesellschaft, Aufbau einer modernen Infrastruktur und somit Befriedung des Failed States Afghanistan waren von beschränktem Erfolg gekrönt.

A3 Ende der Interventionen!

Kritische Erfahrungen in Afghanistan haben in Deutschland zu einer Interventionsmüdigkeit geführt. Die Zurückhaltung Deutschlands beim Libyeneinsatz der NATO stellt dies unter Beweis. Auslandseinsätze in Failing States sind innenpolitisch unpopulär, kosten einen hohen Blutzoll und binden im Angesicht von Schuldenbremsen und klammen Kassen zu hohe finanzielle Ressourcen. Alternativen könnten in stark begrenzten Einsätzen (Mali) oder der verstärkten Nutzung von Drohnen liegen.

NGOs – Akteure der internationalen Politik

A1 NGOs – ein Beitrag zur friedlichen Zivilgesellschaft!?

Tätigkeiten von NGOs sind Ausdruck einer lebendigen und pluralistischen Zivilgesellschaft, in der Bürger ihre Interessen wahrnehmen, Konflikte gewaltfrei im Diskurs ausgetragen werden, die Regierenden von den Bürgern kontrolliert werden und die Bürgergesellschaft an politischen Entscheidungen partizipieren kann. Vor allem folgende Ecken des zivilisatorischen Hexagons nach Senghaas bieten den NGOs die Möglichkeit, eine friedvolle Zivilgesellschaft mit Leben zu füllen: „Politische Teilhabe", „Konfliktkultur", „Rechtsstaatlichkeit" und „Interdependenzen".

A2 NGOs – zwischen Utopie und Kontrolle!

Pro	Kontra
• kontrollieren Regierungshandeln • erzeugen Reformdruck auf Politik • aktivieren Bürgerinnen im politischen Sinne • agieren unabhängig von Wahlterminen • entwerfen politische Alternativen	• richten sich nur auf ein Themenfeld aus • beachten nicht Ausgleich von Zielkonflikten • skandalisieren mediengerecht die Politik • besitzen ein inneres Demokratiedefizit • stehen in Abhängigkeit von Spenderinnen

Menschenrechte – weltweit

A1 Drei Generationen von Menschenrechten

a) Freiheits- und Schutzrechte sind z. B.: Recht auf Leben; Schutz vor Folter, Sklaverei und Demütigung; Recht auf Gedanken-, Gewissens- und Religionsfreiheit
Gleichheits- und Sozialrechte sind z. B.: Rechte auf Arbeit, Bildung und freie Berufswahl; Recht auf angemessene medizinische Versorgung; Rechte auf Nahrung, Kleidung, Wohnung
Entwicklungsrechte sind z. B.: Recht auf Frieden; Recht auf eine intakte Umwelt; Recht auf eine eigene Entwicklung

b) Die Probleme bei der Verwirklichung sozialer und kollektiver Menschenrechte ergeben sich aus der Frage: Wer soll und kann sie garantieren angesichts von großer Armut in weiten Teilen der Welt, in einer zunehmenden Kluft zwischen armen und reichen Ländern, fehlenden (oder korrupten) staatlichen Strukturen in vielen Entwicklungsländern, Bevölkerungswachstum und Verstädterung.

A2 Bedingungen für Entwicklungshilfe?

individuelle Schülerlösung

China – die neue globale Führungsmacht?

A1 Chinesisches Wirtschaftsmärchen?!

Ab 1979 unter Deng Xiaoping: „sozialistische Marktwirtschaft", d.h. schrittweise Liberalisierung der Wirtschaft, um marktkonforme Anreizsysteme zu etablieren. Z. B. durch Privatisierung in allen Wirtschaftssektoren und Öffnung für ausländische Direktinvestitionen. Schaffung von Wirtschaftszonen, Exportorientierung, niedrige Lohnkosten bei gleichzeitig guter Ausbildung des sehr großen Arbeitskräftepotenzials als internationaler Wettbewerbsvorteil, riesiger Binnenmarkt mit steigender Kaufkraft

A2 Machtwechsel?!

Chinas Wirtschaft wächst von einem niedrigeren Niveau kommend schneller als die seit 2008 krisengeschüttelte US-Wirtschaft. Dennoch sind die USA zurzeit ein reicherer, politisch freierer und der kulturell führende Staat. Dies zeigt sich bei der Internetnutzung ebenso wie beim BIP/Kopf. Chinas jetzige Probleme werden ebenso deutlich: hohe Umweltverschmutzung und eine restriktive Politik bei den Grundrechten. Die Dynamik der chinesischen Wirtschaft, die hohe Staatsverschuldung des US-Haushalts bei chinesischen Kapitalgebern lassen eine stärkere Machtverschiebung zugunsten Chinas erwarten.

Bildquellennachweis

5 Hans-Böckler-Stiftung, Düsseldorf; **8** Brunnert, Jonas, Berlin; **12** Quelle: Bundesagentur für Arbeit; **14** Picture-Alliance, Frankfurt; **15** IAB-Kurzbericht 1/2014; **17** Fotolia.com (Arkady Chubykin), New York; **18** Quelle: Statistisches Bundesamt; **20** Quelle: Stastistisches Bundesamt www.destatis.de; **21** Quelle: WSI Mindestlohndatenbank 2013; **22** Quelle: Initiative ALG II Selbsthilfe e.V.; **25** Quelle: Rürup-Bericht; **27** Hanel, Walter, Bergisch Gladbach; **31** Bergmoser + Höller Verlag, Aachen; **42** Dieter Hanitzsch, General-Anzeiger (Bonn); **43** Quelle: ARD/ZDF Langzeitstudie Massenkommunikation 2010, ARD/ZDF-Onlinestudie 2013, ma2013/I; **45** CC-BY-SA-3.0, siehe *3; **46** Picture-Alliance (dpa/Uwe Anspach), Frankfurt; **48** Stuttmann, Klaus, Berlin; **51** Mester, Gerhard, Wiesbaden; **53** Christian Indus, Deutscher Preis für die Politische Karikatur 2007 der Akademie für Kommunikation; **55** Fotolia.com (PhotographyByMK), New York; **58** Stuttmann, Klaus, Berlin; **59** Quelle: BDEW. AG Energiebilanzen Stand 02/2014; **60** Stuttmann, Klaus, Berlin; **63** shutterstock (Booka), New York, NY; **64** Klett-Archiv (KOMA AMOK ®), Stuttgart; **66** Stuttmann, Klaus, Berlin; **67** Andreas Vierecke/Bernd Mayerhofer/Franz Kolwut: dtv-Atlas Politik. Grafische Gestaltung der Abbildungen von Werner Wildermuth. © 2009, 2011 Deutscher Taschenbuch Verlag, München.; **70** Axel Springer Syndication GmbH, Berlin; **73** Quelle: Bundesärztekammer; **78** © 2012 IW Medien • iwd 16; **79** shutterstock (Sergey Nivens), New York, NY; **82** Le Monde diplomatique (Le Monde diplomatique (Hg), Atlas der Globalisierung. Berlin (Taz Verlag) 2006), Berlin; **85** Picture-Alliance, Frankfurt; **88** Zeitverlag Gerd Bucerius GmbH & Co, Hamburg; **89** Janson, Jürgen, Landau; **90** DFG-VK Gruppe Mainz, Mainz; **93** Guardian & Observer News Services (Paul Scruton), London

*3 Lizenzbestimmungen zu CC-BY-SA-3.0 siehe: http://creativecommons.org/licenses/by-sa/3.0/de/

Sollte es in einem Einzelfall nicht gelungen sein, den korrekten Rechteinhaber ausfindig zu machen, so werden berechtigte Ansprüche selbstverständlich im Rahmen der üblichen Regelungen abgegolten.